# 冰雪运动通用知识教材

## （含课程教学大纲）

国家体育总局冬季运动管理中心
中国冰雪大会组委会 编

中国人民大学出版社
·北京·

## 审稿委员会成员名单

**主　任：**倪会忠

**副主任：**丁　东　张鸿翊

## 编写委员会成员名单

**主　任：**李树旺

**副主任：**李　宏　石　洋

**成　员（以姓氏笔画为序）：**

于永晖　马江涛　王　强　伊　诺　李京律

辛　然　张　磊　竺大力　秦　霞　袁　程

高富贵　彭玉媛　墨　楠

# 序一

习近平总书记 2017 年在张家口考察冬奥会筹办工作时指出："人生幸福快乐，强身健体十分重要。我们申办北京冬奥会，一个重要目的就是推动我国冰雪运动快速进步，推动全民健身广泛开展。"

北京冬奥会的成功申办，为我国冰雪运动带来了历史性发展机遇，冰雪运动已成为大众健身的新选择和新时尚。加快冰雪运动的普及和提高，对推动体育事业全面发展，丰富人民群众体育文化生活，加快体育强国和健康中国建设，举办一届"精彩、非凡、卓越"的奥运盛会有着重要意义。

2019 年 3 月 15 日，中共中央办公厅、国务院办公厅正式印发《关于以 2022 年北京冬奥会为契机大力发展冰雪运动的意见》，吹响了新时代大力发展冰雪运动的号角。《意见》指出要大力开展冰雪运动进机关、进校园、进部队、进厂矿、进农村、进社区、进家庭等活动，进一步推动群众冰雪运动普及与发展。

北京冬奥会日益临近，广大青少年参与冰雪运动的热情持续高涨。为架起学习冰雪知识与参与冰雪运动之间的桥梁，我们依托中国人民大学丰富的师资力量和资源，编撰了这样一本集知识性、趣味性于一体的冰雪运动通用知识教材，并配套开发了网络课程。

本书从冰雪运动基础知识、冬季奥林匹克运动会基础知识、北京冬奥会主办城市与比赛项目、冰雪运动的礼仪文化和冰雪运动安全知识五个方面，介绍了冬奥会和冰雪运动的历史、文化、场馆、项目、礼仪、安全等方面的知识，并通过配套的网络课程，努力将课本内容变得更加形象、生动和有趣，为大家学习冰雪运动知识、参与冰雪运动提供更好更多的帮助。

"少年强则中国强，体育强则中国强"。衷心希望《冰雪运动通用知识教材（含课程教学大纲）》有助于广大青少年参与冰雪运动，帮助更多的青少年走出家门，走进冰场、走上雪场，放飞冰雪梦想，享受冰雪运动的健康和快乐，成为"带动三亿人参与冰雪运动"的践行者和推动者。

2020 年 4 月 15 日

# 序二

韩国平昌冬奥会闭幕式上“北京 8 分钟”的精彩表演是北京这座世界上唯一的“双奥城市”向世界发出的盛大邀约，意味着奥林匹克运动正式进入“北京周期”。中华民族满怀热情地拥抱冬奥，奥林匹克运动真诚地与中国古老文明相融合。2022 年北京冬奥会必将在很多方面体现其独特的文化元素，吸引世界关注的目光。

奥林匹克的精髓是教育。现代奥林匹克运动的创始人顾拜旦是一位教育家，他恢复奥林匹克运动的重要目的之一，是借此特殊形式教导全世界青年，要在参与竞技运动的过程中增强体质，锻炼意志，培养优秀品格。1894 年国际奥委会成立之际，与会代表讨论的主题即为教育的价值。因此，《奥林匹克宪章》开宗明义地指出，“奥林匹克主义将体育运动作为实现人和谐发展的途径”，“为达到人的和谐发展的目的，体育运动必须与教育、文化相结合”。2014 年通过的《奥林匹克 2020 议程》中提出“拓展基于奥林匹克价值观的教育活动”的建议，具体举措包括加强国际奥委会与联合国教科文组织的合作、将体育及其价值观纳入世界各地学校的课程、国际奥委会在电子平台开设基于奥林匹克价值观的教育课程等内容。所以，从某种意义上讲，奥林匹克运动会是一所青年人相互学习的大学校。

2008 年北京奥运会为北京留下了丰富的教育遗产。北京奥林匹克教育的政策推动、组织保障、示范引领、活动感召、区域协同、国际互动等工作机制，共同构成了一个独具东方文化特色且形式和内容结构完整的奥运教育“北京模式”。当北京申办冬奥会成功时，国际社会特别关注的也是北京冬奥会如何传承北京奥运会的教育遗产、如何实现冬奥文化的大众普及和奥林匹克教育的开展等问题。

然而相比北京奥运会，我国大众对于冬季奥运会的关注、知晓和理解却有不小的差距。2018 年，中国人民大学人文奥运研究中心“2022 北京冬奥会冰雪运动普及和发展对策研究”课题组（国家社科基金重大研究项目）在全国范围内进行了问卷调查。数据表明，我国过半数的公众喜爱冰雪运动，这是良好的普及冰雪运动的社会基础，但公众对冰雪运动认知度却较低，参与总量较小，频次偏低，持续性较差。截至 2018 年，人文奥运研究中心在北京地区所做的连续调查显示，北京居民中经常参与和观赏冰雪项目的比例分别为 3.6％和 8.6％，与欧洲、北美一些冰雪大国相差甚远，如果这种状况得不到显著改观，我国大多数民众还只能是冬奥会赛场的门外汉。

《冰雪运动通用知识教材（含课程教学大纲）》是贯彻落实中共中央办公厅、国务院办公厅印发的《关于以 2022 年北京冬奥会为契机大力发展冰雪运动的意见》中提出的大力开展冰雪运动进机关、进校园、进部队、进厂矿、进农村、进社区、进家庭等活动精神所编写的知识普及读本。本书从冰雪运动基础知识、冬季奥林匹克运动会基础知识、北京冬奥会主办城市与比赛项目、冰雪运动的礼仪文化和冰雪运动安全知识五个方面，介绍了冬奥会和冰雪运动的历史、文化、场馆、项目设置、礼仪、安全等方面的知识。本书的前三个单元以纵向的历史主线和横向的内容模块相互交织，构建了从冬季冰雪运动起源到北京冬奥会文化的系统化知识框架，其中还包括我国民俗冰雪运动的文化介绍。在此基础上加以拓展，第四单元介绍了冬奥会赛场文化和观众观赛礼仪知识，第五单元介绍了冰雪运动的伤害和安全预防知识。总体来看，本书力求将知识性和趣味性相融相汇，是一本可读性很强的通用知识教材。

这本书是受国家体育总局冬季运动管理中心委托，由中国人民大学人文奥运研究中心专家学者潜心研究所形成的一部作品。在成书过程中，很多老师牺牲暑假休息时间，夜以继日，辛苦工作，为在短期内按时保质完成编写任务付出了艰辛的努力，感谢他们的全情付出和创作。在 2008 年北京奥运会期间，中国人民大学人文奥运研究中心在科学研究、智力支持和奥运知识普及等方面做出了突出贡献，是受到党中央、国务院表彰的唯一一家奥运文化研究机构。冬奥会的脚步一天天向我们走近，“助力冬奥精彩，感悟冬奥美好”一直是本中心每一位专家学者的深切情怀，作者们将之付诸笔端，期盼在传播中得以绽放和弘扬。

中国人民大学人文奥运研究中心主任

2019 年 11 月 19 日

# 目　录

## 第三单元　2022 年冬奥会主办城市与比赛项目



## 第四单元　冰雪运动的礼仪文化



## 第五单元　冰雪运动安全知识

# 第一单元　冰雪运动基础知识

## 第一章　冰雪运动起源与早期发展

重点问题

- 冰上运动的起源
- 雪上运动的起源
- 冰雪运动发展的轨迹

冰雪运动是人类在崇山峻岭和皑皑白雪上画出的一道道靓丽的风景线；是溜冰场上的华丽冰痕和飒爽英姿；是冰球场上的你来我往和频繁身体碰撞展示的“暴力”美学。无论冰雪运动给你的第一印象是什么，2022 年的北京冬奥会都让人满心期待。但冰雪运动最早的起源在哪里？它是怎么发展成今天的冬奥会项目的？

### 第一节　冰雪运动的起源

#### 一、冰上运动的起源

体育运动的起源是体育运动的文化之根，是体育运动发展的重要依托。冰雪运动作为在特殊季节以特殊方式进行的一项体育活动，自有其独特的文化源。这种文化在自然的、生产的、生活的、教育的种种元素的滋养下，推动了冰雪运动的发展。

自从有了人类，有了地球的四季变化，就有了人类的冰上活动。从冰上活动到冰上运动，中间经历了一个从自然到自觉的转变过程。

早在新石器时期就出现了人类的滑冰活动。最初，人们为了获取必需的生活资料，把滑冰作为一种冬季冰上交通手段和狩猎工具。

冰上交通和狩猎的需要，使得人类不断摸索提高冰上滑跑的速度与控制的方法。人类的这种实践和探索，经历了“履冰”（也叫“践冰”或“走冰”）、“打滑溜”（即穿着半软底鞋在冰面上跑，再利用惯性滑行的方式）、“单脚滑行”（即只在一只脚上绑硬质长条物体，另一只脚蹬地滑行，此时已经认识到鞋底材质对摩擦力的影响了，也是冰刀形成的开端）、“撑动双脚滑行”（12 世纪初瑞典人的著作中记载过青年的此类活动，当时人们使用的是长条兽骨。而在关于我国古代东北地区某些部落的类似描述中，则记载的是当时人们使用的是长条状木板或竹片）再到“冰床”（我国北宋时期就有此类记载，类似于国外木制爬犁）的过程。

人在冰面上行动，需要一种既能克制冰面滑性、保持稳定，又能利用冰面滑性进行高速移动的工具，这种冰上工具的制作以及对冰上工具的利用和控制的过程，就是人类从自然的冰上活动到自觉的冰上运动的转变过程。

关于滑冰最早的记载是公元 936 年的荷兰。当时的荷兰人为了在冰天雪地中取得生存资料以求生存繁衍，或狩猎，或采集，都必须跟这个世界进行冰面与雪地上的抗争。人类拥有的制造和使用工具的能力将人类与其他动物区别开来，为了应对大自然的不“友好”，这一能力被充分激发，木质爬犁就是当时荷兰人的智慧结晶之一，荷兰人不仅将其作为交通工具以增强自身冰上的行动能力，而且开发出了它的运输载体的功能，人类在冰面上的自由度发生了质的变化。人类认识世界的过程是基于时间累积的探索过程。随着人们对冰面认知程度逐渐加深，实践所得经验的不断积累，对于冰面自由权的渴望变得更为强烈①。公元 10 世纪，人们发现，与木制工具相比，细长、坚硬、光滑的野兽骨头能大幅增加冰上行进的速度，动物骨骼因此取代木材成为那个时期冰上“飞人”的宠儿。当时比较流行的一种做法是在动物骨骼的两端打孔，用皮带绑在鞋底，然后用两根木杖撑冰滑行——这就是最原始的冰上滑行工具——“骨制冰刀”的制作和应用。这种新工具的出现极大增强了人类的冰上狩猎能力，人类所能获取的生存资料（可以追上的猎物）大量增加，人类的生活领域从陆地、高山、水域延伸到了冰面，生存能力进一步提升。早在 1180 年，菲兹斯汀芳就写道：“无数年轻人把骨头固定在脚掌上，撑着小木棍向前滑行，好似飞翔在蓝天的小鸟，又好似离弦的利箭。”后两句的比喻反映了当时人类冰上的行进速度与灵活度，用“飞翔的小鸟”表现人类在冰面上的自由灵活，用“离弦的利箭”表现人类在冰上的滑行如飞，人类对于冰的控制又前进了一大步。荷兰与冰的渊源使滑冰在荷兰人心中拥有特殊的地位与意义，乃至现在的荷兰语中“冰刀”与“胫骨”仍是用同一个词表达。

---

① 韩丹．冰上运动文化史述略——人在冰面上争得自由活动权史述［J］．哈尔滨体育学院学报，1996（1）：5-8.

## 二、雪上运动的起源

在北欧的挪威、丹麦、瑞典、芬兰，闻名遐迩、高耸入云的阿尔卑斯山异常神圣。她伫立在那里，注视着冰雪运动的发展。神秘的北欧大地，神话和冰雪是她的主要魅力元素。从古至今的北欧神话，不仅有大家耳熟能详的雷神托尔、洛基等经典角色，还有一个名叫“瓦萨”的国王。以他的名字命名的滑雪节是全球参与人数最多的越野滑雪节之一。滑雪是北欧国家最普及的运动项目，那里几乎人人都有一副滑雪板。每逢周末，人们都会穿上色彩斑斓的滑雪服，或携家带口，或拉上朋友，三五成群，结伴滑雪。

雪上运动的历史至少已有万年。那些居于深山，尤其是居于高海拔雪山地区的人，他们常常要翻山越岭来到雪山的另一边，他们自制了抗寒衣物和雪上交通工具及挖雪工具，这是雪上运动的雏形。为了使身体保持平衡所掌握的一些动作和姿态，成了滑雪运动的技术动作雏形。在人类社会初期，狩猎和采集是人类赖以生存的主要生产方式。当冬季到来时，寒冷地区的居民为了在恶劣的自然环境下生存和发展，逐渐学会了使用滑雪板，以满足冬季出行狩猎的需要，生存的压力催生出多样的冰雪运动形式。所以在现代冬季运动项目中，滑雪是最早诞生的项目。

古代滑雪狩猎

在阿勒泰滑雪岩画出现之前，人们对于滑雪起源地的争论从来没有停止。每一次新的考古发现，都会引起一波新的争执：一幅公元前 2500 年左右的岩画（画着两个穿着大滑雪板，拿着棍棒的人）将世界目光聚集到了挪威北部；1921 年，瑞典凭借新发现的约 4 500 年前的古代滑雪板夺走了这一殊荣；不久，俄罗斯东北部出土的旧石器时代制作的约 8 000 年前的滑雪板残片，使这波争论暂时平息①。

① 彭金城. 阿勒泰岩画与滑雪文化研究［J］. 新乡学院学报（自然科学版），2012，29（1）：84-86.

2005 年，中国新疆阿勒泰的滑雪岩画被发现。一个在冬季项目领域从未有过名字的国家现在要从世界冬季项目金牌大国的手中夺走“滑雪起源地”的称号，这幅沉睡了许久的岩画一下把阿勒泰卷进了滑雪起源地争论的旋涡中心。

1. 阿勒泰的自然环境

阿勒泰素有“金山银水”“冰雪之乡”之誉。每年的 11 月至次年的 4 月为冬季，漫长且寒冷。长达半年的冰雪期，造就了阿勒泰得天独厚的冰雪资源：上百种野兽、野生禽类为当地居民提供了优质的食物来源，狩猎成为当地主要的生活方式；充足的森林木材资源（尤其是白松）提供了制作滑雪板的原材料；山、林、水、大雪量、长雪季、多飞禽走兽满足了阿勒泰地区滑雪起源地的一切自然条件。

2. 阿勒泰的岩画

2005 年，几个新疆阿勒泰牧民的孩子在汗德尕特乡境内的敦德布拉克河谷发现了一处岩画群。其中的一幅，处于一个古彩岩窟的顶面，上面绘有多名滑雪者以及野牛野马等动物的线条图形。另一侧绘有 4 人，其中 2 人踩在一个长条形物件上，最右者脚蹬长物件，左手手持一根长棍。该岩画刻画于旧石器时代晚期，至今有 1 万年至 3 万年的历史。

**阿勒泰岩画**

3. 文献记载

大约在公元前 450 年至公元前 425 年，古希腊历史学家希罗多德曾进行过一段长距离的东行考察。据希罗多德对于终点区域的描述，当地人在“看守黄金”，并且在冬季驾驭山羊角在雪面上疾驰，山羊角就是当地人使用的毛滑雪板。这个描述与阿勒泰山系南侧的情况极为相似，此地曾是赫赫有名的产金地。希罗多德将此次经历与感受写进了他的著作《历史》的第四卷，这段文字也成了雪上运动最早的文献记载。类似的记载还出现在我国的古地理书《山海经》中，两本书的描述内容基本相似。

《山海经第十八·海内经》中记录着“有钉灵（同丁零、丁令）之国，其民从膝以下有毛，马蹄善走”，这句关于丁零人脚穿毛雪板的描述是中国关于滑雪最早的文字记述。《蒙古秘史》记载，乃蛮“其语言与畏吾尔同，庐帐而居，随水草畜牧，颇知田作，遇雪则跨木马逐猎”，“丁零”“乃蛮”都是久居阿勒泰山中的古老民族，“跨木马逐猎”显然说的是穿着类似滑雪板的“木马”追逐野兽。

《历史》、《山海经》和《蒙古秘史》中关于滑雪的记载都落在了阿勒泰地区。

4. 阿勒泰的滑雪长调

“在那高高的阿尔泰杭盖（蒙古语，高高的山的意思）山中，身上背着柳木制作的弓箭，双手斜推着滑雪棒的，脚踩红松、白松木制作的雪板，很快地滑着穿梭在松树林中的，身后拖着山羊皮囊的，是那勇敢而又灵活、聪明的猎人……”这首古老而写实的滑雪长调已经在汗德尕特蒙古自治乡传唱了千年，是生活在阿勒泰地区的乌梁海蒙古族、蒙古族图瓦人中的口传诗歌，生动形象地描绘出古代阿勒泰人脚踩滑雪板，穿梭于白雪覆盖的群山中游猎的场景，也是阿勒泰地区悠久滑雪史的文化见证。

5. 最早的滑雪板

生活在寒冷地区以狩猎为生的人，冬季为了出行狩猎，会在深雪中行走。他们偶然会踏在树枝、树皮或断裂的树干上，有了移动的轻松感觉，从而萌生了将其绑在脚上作为代步工具的想法；为了保暖，他们还会将动物的毛皮捆绑到脚上，进而发明滑雪板①。这是最早的滑雪板诞生的过程。阿勒泰人制造滑雪板的过程也是如此，从踩着“察纳”（木板）、撑着木棍到制作和使用“金属倒刺”，再到在板底附着动物皮毛，这正是流行于古阿勒泰地区的毛皮滑雪板的制作过程。

古老的毛皮滑雪板也曾在阿勒泰周边的蒙、俄、哈等国家流行过。1980 年，苏联出版的教科书《滑雪运动》第一章关于雪上运动历史的讲解中提道：滑雪运动从阿勒泰起源后，向西伯利亚广泛传播，向东越过白令海峡，传向北美洲阿拉斯加的爱斯基摩，向西逐渐向斯堪的纳维亚半岛传播。

6. 与滑雪相关的词汇

阿勒泰语系的影响曾经横跨欧亚大陆，影响的人群主要分布在中国、蒙古、伊朗及欧洲的一些国家。19 世纪末，挪威著名的滑雪爱好者和探险家弗里德约夫·南森发现所有滑雪的词根都来自阿勒泰地区。这种语言学的逻辑分析直接把滑雪的起源地指向了东方的阿勒泰。

## 第二节　冰雪运动的发展

任何运动都是从人类的生产和生活方式演变而来，都经历了从无序到规范、从单一

① 徐文东. 中国冬季运动史［M］. 北京：人民体育出版社，2006：3-26.

到复杂的发展过程。冰雪运动也是如此。

## 一、冰上运动的发展

滑冰的起源告诉我们，滑冰是一种基于生存需求的活动和运动方式。这种活动和运动方式随着社会的进步和发展，逐渐拥有了游戏和娱乐的性质。这种性质的转变在很大程度上是随着滑冰工具的进化而发生的。

骨制冰刀出现之后，它带来的速度与便利促使人们对于更快更舒适的脚上工具的追求更加强烈。13 世纪中期，荷兰人将铁条嵌入木板中①以追求对冰面更好的控制，这是将金属用在滑冰工具上的初步探索。

滑冰工具形态的改变所带来的速度提升，以及更便捷的运输工具的出现，使得滑冰作为代步工具的内涵逐步弱化，而作为人们放松娱乐的工具的含义逐渐显露出来。14 世纪的英国文献记载，莫斯科人冬季最喜欢的运动就是滑冰。在这里，“滑冰”被列入“运动”范畴，“滑冰”已经开始脱离生存领域的概念内涵，从交通方式向娱乐方式转变②。

1572 年，是冰刀发展史上极具意义的一年。苏格兰出现了全铁制成的冰刀，这是滑冰工具制作的一次质的飞跃。17 世纪以后，随着产业革命的兴起，金属冶炼工业划时代的进步，使冰刀生产实现了社会化，这为滑冰的流行和普及奠定了最基本的工具基础。

1676 年，荷兰人开始组织滑冰比赛，这是现在滑冰运动最初的样子。当时的比赛只是一种在城镇间的运河上举行的长途滑行赛。后来滑冰比赛经历了环城赛、U 型赛道和现在的封闭式椭圆跑道的发展过程。17—18 世纪，英国国王查理二世将滑冰引入英国上流社会，滑冰在英格兰迅速普及。

1742 年，苏格兰首府爱丁堡成立了滑冰俱乐部，这是世界上最古老的滑冰俱乐部。自此，滑冰正式成为有组织有规则的竞赛运动。

19 世纪中叶，滑冰已经发展成为一种冬季运动时尚。1870 年，在英国的桑莫利兹湖上，英国人用当时新的发明装置，浇制了世界上第一个人工冰场。1880 年，观众席第一次出现在冰场上，这就是英国著名的达鲍斯冰场。同时，该冰场还设置了乐队演奏席，这是滑冰运动普及的又一项标志性变化和发展，观众开始有了存在感。此后，各种滑冰俱乐部、竞赛在世界范围内开始广泛流行③。

19 世纪末 20 世纪初，钢制管状冰刀——速滑跑刀的出现，再次刷新人类冰上运动速度极限，促使滑冰运动向前迈进一大步④。

19 世纪末，滑冰更多是作为一种娱乐形式而存在，滑冰俱乐部的成员喜欢身着盛装，表演流行的诸如“吊葡萄”“直立旋转”一类的有难度的动作或者滑一些漂亮图案

---

① 刘晓树．技巧与艺术的结合——滑冰［M］．南昌：二十一世纪出版社，2015：1-12．
② 王明祖．滑冰历史片断［J］．冰雪运动，1983（5）：87-88．
③ 雷蒙多·弗拉瓦，志贺仁郎，韦迪，等．冰上运动历史点滴［J］．冰雪运动，1982（6）：110-113．
④ 刘长久．速度滑冰教学口诀［J］．冰雪运动，1981（6）：44-46．

吸引观众目光，以满足自身娱乐和受尊重的需要。这种表演推动了花样滑冰作为运动和竞技项目出现的进程。20 世纪后，花样滑冰、速度滑冰、冰球运动逐渐从普遍意义上的滑冰中分离出来，开始向专项化发展①。

## 二、雪上运动的发展

滑雪运动虽然诞生于中国阿勒泰，却成长于北欧诸国，尤其是具有得天独厚的优质冰雪资源的挪威和瑞典。人类对于滑雪的探索经历了实用阶段、军事应用阶段、娱乐化阶段以及竞技运动阶段。

生存的需要使滑雪因它的实用价值而诞生。滑雪诞生之初，主要是作为一种生活的辅助方式融进人们日常的狩猎、交通、运输等活动。由于受人类生产与生活水平的限制，滑雪只是作为一种生活的辅助方式而存在，这种辅助方式就是滑雪运动项目“越野滑雪”最早的雏形。

战争发掘出了滑雪的军事价值。14—18 世纪，正值欧洲封建社会瓦解，资本主义兴起和发展的时期。战争不断，冰天雪地的恶劣环境，使得滑雪因行军速度、交通运输上的优势自然而然被应用到军事中。芬兰、挪威、波兰、俄国和瑞典等北欧国家将滑雪定位为军事素养之一，俄国特别招募具备滑雪技能的士兵组建滑雪部队，挪威在 18 世纪甚至出版了军事滑雪训练指南。1718 年瑞典由于滑雪技能上的劣势在与挪威的战争中处于下风。第一次世界大战使军事滑雪在欧洲迅速发展，法、德、奥均出于军事目的成立了自己的高山滑雪部队。

18 世纪之后，各国间的经济贸易和交流日渐频繁，人们的生活水平、经济水平逐渐提高。轮式交通工具的出现使滑雪的代步与运输功能被取代，滑雪开始淡出人们的生存领域。1826 年，挪威军队裁员，滑雪部队首先被裁撤，滑雪的军事价值远去。相应地，滑雪的娱乐与竞技价值开始浮现。滑雪因其娱乐性慢慢进入公众视野。不少从滑雪部队退役的军人，其原居住地是雪山地区，他们返乡后将滑雪运动带入民间。根植于民族记忆深处的滑雪情结，也使滑雪很快通过青少年流行起来。第一次有记载的滑雪比赛是在 1843 年的挪威，大批滑雪爱好者聚集到一起共襄盛事。滑雪作为一种文化在人们心中生根发芽，滑雪运动也在挪威如火如荼地开展起来。这种文化在相同地理纬度的国家迅速传播，瑞典、芬兰的年轻人不久也加入滑雪比赛行列，甚至还可以看到他们举办跨国越野滑雪比赛的记载。此时的滑雪已经成为人们生活娱乐的一部分。

19 世纪，滑雪运动逐渐走向规范化。1861 年，在挪威奥斯陆成立了世界上第一个滑雪俱乐部——Trysil 射击滑雪俱乐部，定期举办面向社会各个层面（不包括女性）的滑雪比赛，但此时的比赛有组织无规则。直到 1867 年的奥斯陆公开赛，才有了统一规范的竞赛规则。这场比赛，规定了滑雪技术、滑雪动作等级和滑雪杖的使用方法。1883 年，挪威成立了“挪威滑雪协会”，这是国家级滑雪组织监督管理全国滑雪运动时代的开始，它标志着滑雪运动的规范化走上了一个新台阶。

---

① 雷蒙多·弗拉瓦，志贺仁郎，韦迪，等. 冰上运动历史点滴［J］. 冰雪运动，1982（6）：110-113.

1888年，一个挪威滑雪爱好者将其从东向西横穿格陵兰的经历整理成书出版，该书被翻译成多国语言传遍欧洲以及其他地区，滑雪运动也因此得以被认知和被传播。20世纪20年代到30年代，滑雪运动开始在美国、加拿大以及澳大利亚甚至南美洲等地区开展起来。

## 本章要点

1. 冰上运动起源于荷兰。

2. 滑冰这种基于生存需要的活动伴随着社会的进步发展，逐渐拥有了游戏娱乐的性质，而这种性质的转变很大程度上是伴随着滑冰工具的进化史进行的。

3. 阿勒泰是滑雪起源地可从自然环境、岩画、文字记载、文化传承等方面得到佐证。

4. 滑雪运动虽然诞生于中国阿勒泰，却成长于北欧诸国。人类对于滑雪的探索经历了实用阶段、军事应用阶段、娱乐化阶段以及竞技运动阶段。

## 基本概念

冰上运动　骨制冰刀　钢制冰刀　雪上运动　老毛滑雪板　阿勒泰

## 复习思考题

1. 早期雪橇是怎么出现的？

2. 结合冰刀的发展历程谈一下你对滑冰运动发展的理解。

3. 谈谈滑雪在人们生活中的价值演变，为什么会出现这种价值演变？

## 阅读书目


1. 单兆鉴. 人类滑雪起源地——中国·新疆·阿勒泰 [M]. 北京：人民体育出版社，2011.

2. 刘敏庆. 速度滑冰 [M]. 北京：人民体育出版社，1993.

3. 李相如，朱佳滨. 滑冰运动入门 [M]. 北京：金盾出版社，2016.

4. 赵睿. 冰雪运动技巧 [M]. 北京：中国社会出版社，2008.

5. 朱志强. 冰上运动 [M]. 北京：人民体育出版社，2012.

6. 王天军. 新疆阿勒泰毛雪板滑雪历史考察 [J]. 体育文化导刊，2012 (07).

7. 阿不拉·玉素甫，胡金明，阿依夏木古丽·吐尔逊. 新疆阿勒泰滑雪运动研究 [J]. 山东体育科技，2015 (2).

8. 姚世庆. 中国古代丁令民族滑雪活动初考 [C] //第十一届全国冬季运动会科学大会论文集. 2008.

# 第二章　中国近代至20世纪初的冰雪运动

**重点问题**

- 欧美雪上文化对中国雪上运动的影响
- 近代我国雪上运动的发展
- 欧美冰上文化对中国冰上运动的影响
- 近代我国冰上运动的发展

1840年，鸦片战争爆发，标志着中国步入近代社会。古老的中国传统冰雪运动随着洋务派“师夷长技以制夷”的洋务运动受到了国外冰雪运动的深刻影响。中国近代的冰雪运动掀开了新的一页。

## 第一节　中国近代至20世纪初的雪上运动概况

虽然在冰天雪地中艰难求生的人们发现了滑雪带来的乐趣，但由于社会文化和传播媒介的有限，地缘空间的限制难以被突破，因此，某个地域里的滑雪运动的改变和发展的状态很难及时得到传播。尽管目前有据可考的滑雪活动的起源地是在中国新疆的阿勒泰地区，但中国滑雪运动的概念却是来自国外。滑雪作为一种运动项目，它是跟随近代列强入侵中国的脚步来到中国的。滑雪运动进入中国时自带的贵族属性，造成了滑雪运动尤其是大众滑雪运动在我国近代历史上的断层。这种情况，直到中华人民共和国成立以后才有所好转。

中国在1840年鸦片战争之后，被西方列强的坚船利炮打开了大门，中国的东北地区被沙俄占领。也就是在这个时期，滑雪运动渐渐传入中国。开始是俄国人在其设置的禁区里开展滑雪活动，后来国内一些有身份、有地位的人士跟着尝试这种新鲜事物，滑雪运动开始在东北地区缓慢传播。随着西方列强公馆和使领馆及买办机构大量进入中国北方，欧美现代滑雪技术和设备开始一并进入中国。

在1900年前后，在北京郊外，在哈尔滨附近，可以看到“洋人们”进行冬季滑雪运动。滑雪运动是一个需要良好的秩序和较好的运动基础条件的项目，由于清末以来战乱纷呈，滑雪运动因先天的环境条件不足，没有发展起来。

1905年，日俄为了争夺中国辽东半岛和朝鲜半岛的控制权，在中国的东北发生战争。俄国战败后，俄籍人员大量撤回俄国。只有一些俄籍犹太人因为沙皇对犹太人的迫害，定居在哈尔滨，滑雪运动的“种子”因此得以保留。

由于中国近代历史的特殊性，滑雪的娱乐性与竞技性并没有在这一时间得到体现，滑雪运动的发展也几乎是处于停滞状态。滑雪运动在中国近代史上的这种发展状况跟中国近代被帝国主义列强奴役、中国社会始终处于半殖民地半封建的状态分不开。

1937年，黑龙江省第一座滑雪场在哈尔滨近郊玉泉建成。该滑雪场设有一座小型跳台。1938年，中国第一个滑雪俱乐部在长春成立。

滑雪作为一项运动项目在中国的发展是在中华人民共和国成立，国家和社会恢复稳定与和平之后。

## 第二节　中国近代至20世纪初的冰上运动概况

第二次鸦片战争以后，天津成为通商口岸。体育作为“西方文明”的一部分传入中国。冰球运动就是在这一时间传入北京和天津的。《津门杂记》记载当时居住在天津的外国人为了舒筋活血，利用铁制冰刀在冰面上行走自如。有的学者因此认为中国近代的滑冰运动完全是从国外传进来的，并没有受到清代“冰嬉”的影响，情况是否如此，还值得商榷。因为清乾隆皇帝钦定的《清文献通考》所记载的“每旗照定数各挑选善走冰者二百名，内务府预备冰鞋、行头、弓箭、球架等项”文字内容明确告诉我们，“冰嬉”已经不是简单地穿着冰鞋在冰面滑跑，而是有了像冬奥会冬季两项那样将射击与滑雪相结合的冰雪运动特征，“冰嬉”包含了将滑冰与射箭、踢球相结合的冰上专项运动。

从20世纪20年代开始，滑冰在中国迅速开展。1921年，为推行学校教育改革，北洋政府教育部下令学校将体操科改为体育科，废除兵操，代之以田径、球类、体操和滑冰，从而进一步推动了华北冰上运动的开展。1925年，由中华全国体育协进会创办的《体育季刊》第1卷第2期刊登王健吾的文章说：“溜冰及冰球，在华北及平津各学校，亦为冬季最摩登之运动，各校多在冬季建筑冰场，供学生溜冰之用，或在附近天然冰场及公共溜冰场……”

从1926年开始，北京和天津的学校之间经常举办冰球比赛，其中1932年由北平五所大学体育联合会主办的“北平五校联合冰球锦标赛”影响较为广泛。

1932年，为推动华北冰上运动发展，华北体育联合会应体育界的要求，遵循“国术、田径、球类、游泳、滑冰并重”的指导思想，决定在1933年举行一次冰上表演会，作为华北运动会的组成部分。但由于日本侵略东北，全国掀起救亡运动，表演会被推迟到 1935 年。为迎接这次比赛，北平、河北省和东北区体育协会纷纷组织选拔。1935 年 1 月 26 日—27 日，第十九届华北运动会冰上表演会在北平南海冰场举行，来自辽宁、吉林、黑龙江、热河、河北、北平以及哈尔滨 7 个地区的 95 名运动员参加了速度滑冰、花样滑冰和冰球 3 个项目的比赛。

华北运动会是规模上仅次于全国运动会的赛事，是由华北体育联合会举办的运动会。该项赛事自 1913 年开始到 1934 年，每年举办一届（其间因战争停办三届），曾在北京、天津、太原、沈阳、青岛、济南、保定、开封等地举办，中国奥运先驱张伯苓先生是该项赛事的积极推动者。1929 年，第十四届华北运动会在沈阳举办。由于张学良的积极推动，东北大学建了当时在国内首屈一指的运动场，运动会办得非常正规。从这届运动会开始，华北运动会成为国内首屈一指的综合性运动会。每逢华北运动会召开，媒体都会争相报道，这种状况一直持续到 1934 年第十八届华北运动会。第十八届华北运动会结束后，华北体育联合会计划 1935 年在北平举办第十九届华北运动会。由于当时的北平没有一座大型的公共体育场能举办这样的大型运动会，所以第十九届华北运动会没能如期举办。虽然当时的北平市政府曾计划在 1934 年开始建设一座大型的体育场，但由于种种原因，直到 1936 年该体育场才开始动工，这座体育场就是现在的先农坛体育场，当时的名称是“北平公共体育场”。在体育场即将建成之际，卢沟桥事变爆发，华北运动会因此未能在这座体育场举办。

但是，作为第十九届华北运动会一部分的冰上表演会却还是如期在中南海公园的南海冰场上举办了。

在此期间，东北地区的冰上运动也获得了较大发展。

## 本章要点

1. 中国滑雪的运动概念是国外传来的，是随着近代列强入侵中国的脚步而来。滑雪运动固有的贵族属性，造成了我国滑雪运动尤其是大众滑雪运动在我国近代历史上的断层。

2. 中国近代冰上运动始于 19 世纪末。第二次鸦片战争以后，天津成为通商口岸。体育作为“西方文明”的一部分传入中国。冰球运动就是在这时传入北京和天津的。

## 基本概念

铁制冰刀　天津滑冰俱乐部　北平五校联合冰球锦标赛

## 复习思考题

1. 我国近代的滑冰运动有没有受到清代冰嬉的影响？

2. 为什么我国没有衍生出滑雪运动的概念？

3. 我国近代滑雪运动的娱乐性和竞技性是否得到了发展，为什么？

## 阅读书目

1. 杨澜，宋宇. 冬奥梦 冰雪情——冬季运动知识读本 [M]. 北京：中国文联出版社，2016.

2. 赵睿. 冰雪运动技巧 [M]. 北京：中国社会出版社，2008.

3. 朱志强. 冰上运动 [M]. 北京：人民体育出版社，2012.

# 第三章　中国共产党领导的冰雪运动

**重点问题**

- 革命年代中国革命精神与冰雪运动员拼搏精神的结合
- 改革开放以来中国冰雪运动循序渐进的发展模式
- 新时代中国冰雪运动的展望

自中国共产党成立至今，在不同历史阶段的革命发展进程中，中国共产党都根据当时的社会实际状况和发展需求确立体育的目标，指引体育的发展。本章将分阶段介绍中国共产党领导下我国体育的发展历程，特别是在不同历史阶段党和国家领导人在推动中国冰雪运动普及和发展过程中所表现的情怀和精神。

## 第一节　革命战争年代的“红色体育”和冰雪运动

中国共产党领导下的冰雪运动源自中国革命的红色摇篮——延安。从战争年代的延安冰雪运动的开展，一直到中国成功申办冬奥会，在不同的历史阶段，冰雪运动被赋予了不同的历史使命。

每到冬天，延河就成了天然冰场。人们在一块木板上钉两根铁条，用绳子绑在鞋上就滑起来。1942 年 2 月，延安举办了延安冰上运动会，比赛项目有速度滑冰和花样滑冰，当时速度滑冰项目为 200 米速滑，花样滑冰为男女化妆滑冰表演。

作为中国共产党的革命圣地，延安几十年来一直以其精神激励着广大体育工作者。

2017 年，中国花样滑冰队来到延安学习。

在看大型红色历史舞台剧《延安保育院》时，许多队员被感人的故事和延安精神深深打动。演出结束后，队员说：“革命先驱和烈士的精神深深地打动了我们。我们是和平年代的战士，肩负着祖国的期望。我们必须把延安精神运用到实际工作中去，把花样滑冰的训练工作做好。我们要发扬延安精神，在冬季奥运会上奋力拼搏。”

中国花样滑冰队主教练赵宏博在延安接受记者采访时兴奋地说：“这几天，延安精神感染了我们花样滑冰队的每一个人。这是我们第一次来延安接受党的教育。我们在这里看到、听到和感受到的延安精神让我们非常兴奋，非常感动。”

说到延安，人们首先想到的是革命老区，很少有人把延安和滑雪项目联系在一起。然而，这里频繁的降雪却使得革命老区有了数十里的冰和数十里的雪。2018 年国际雪联越野滑雪中国巡回赛第四站在延安开赛。赛事让选手整体由中国最冷的地区向南方移动，这是对参赛选手适应性的重大挑战。而且，由于延安和冬季奥运会场地所处的地理纬度非常接近，对于运动员来说，延安无疑是接受冬季奥运会赛前训练的最佳越野滑雪场所。因此，国内外越野滑雪大师们在延安多年没有遇到的雪中展开了激烈的角逐。

## 第二节　新中国社会主义建设年代中国的冰雪运动

中华人民共和国成立之后，冰雪运动在国家领导人毛泽东主席“发展体育运动，增强人民体质”的号召下蓬勃发展。

中华人民共和国成立以后，冰雪运动开始在东北、华北和西北等有条件的地区开展，后来各地纷纷举办冰雪运动赛事和群众冰雪活动。我国冰雪运动经历了起步、成长、发展三个阶段，经过半个多世纪的发展，目前进入了跨越式快速发展阶段。

1952 年至 1978 年，是我国冰雪运动的起步阶段。在这一阶段，我国成功举办了冬季运动会和单项全国冠军赛、锦标赛，奠定了我国冰雪运动的赛事基础。

1979 年至 2001 年，是我国冰雪运动的成长阶段。在这一阶段，我国首次参加冬奥会，成功举办亚冬会和全冬会，群众参加冰雪运动的热情不断高涨。1993 年，《关于培育体育市场、加速体育产业化进程的意见》颁布，从而奠定了我国冰雪运动产业化发展的基础。

2002 年至 2014 年，是我国冰雪运动的发展阶段。在这一阶段，冰雪运动的市场机制逐步走向成熟，冬奥会赛场不断创造佳绩，“百万青少年上冰雪”“百万市民上冰雪”等群众性冰雪活动蓬勃开展。吉林长春瓦萨滑雪节、黑龙江省哈尔滨国际冰雪节等冰雪文化品牌影响越来越大。

跨越式发展阶段从 2015 年开始。全国从中央到地方，从北方到南方，从冬季到夏季，从企业到个人，对冰雪运动的宣传力度前所未有，冰雪活动丰富多样，群众参与热情空前高涨。群众性体育活动和体育运动成为体育产业发展的重要内容和主要力量。预计在未来一段时间内，冰雪运动将以前所未有的速度、深度和广度在全国普及和发展。

我国越野滑雪与速度滑冰是冬季体育的基础大项，也是我国群众基础最好、开展最为广泛的现代冰雪运动项目。花样滑冰是一项集优雅舞姿和体育技巧于一身的运动项目，参加滑冰运动的人群中有 52.6%的人对花样滑冰项目感兴趣，这也是大多数商业型冰场把花样滑冰作为主要培训课程开设的原因。冰球是对抗性较强的集体性冰上运动，具有独特的项目魅力。目前的冰球市场具有因需求而自行生发的特点。

我国传统冰雪民俗体育项目多流传于东北、华北北部、内蒙古和西北等地，目前这些传统的冰雪民俗体育项目主要有三种形式：一是冬季群众自发参与的休闲娱乐活动，例如打冰嘎、冰爬犁、雪地走、轱辘冰、冰蹴球等；二是经过商家改良后，以吸引游客为主的体验项目，例如雪地摩托车、雪地卡丁车、雪地自行车、滑雪圈等；三是由专业人士表演的竞技类冰雪民俗项目，多半出现在与冰雪旅游相结合的各大冰雪节中，例如雪地马群表演、雪地驯马、雪地摔跤、冰上射箭等。这些民俗项目群众基础好，适合开展推广。

20 世纪 50 年代，滑冰是北京冬天最热门的一项运动。1950 年 1 月 2 日，新民主主义青年团北京市工作委员会在北海公园举行新年冰上联欢会。联欢会的项目不拘一格：有速度滑冰、彩旗接力，还有人们喜闻乐见的冰上“拉龙”——几十个人手拉手形成的长龙游走于冰上，场面蔚为壮观，参与者乐此不疲。

那时的冬天，北海、什刹海、颐和园、陶然亭等公共冰场全部向社会开放，有水域的单位特别是学校会建成天然冰场。有些没有水域的单位甚至会在开阔的空地上围出一块地方，泼上水做成冰场。参与滑冰的人不仅有儿童、学生，还有人数众多的成年人。冰鞋在那时是奢侈品，经济条件好的人才会买冰鞋，条件稍微差一些的人会租借冰鞋或者自制冰鞋。

冬季滑冰之所以盛行，原因是多方面的。一是国家机关如中央体委等机构大力推广。二是受了苏联的影响。那时的苏联盛行滑冰，且具有很高的水准。苏联的滑冰运动员在 1948 年和 1949 年打破了挪威等冰上强国在传统冰上项目的垄断，其成绩甚至超过了 1948 年冬奥会的成绩。苏联冰球队征战欧洲也屡奏凯歌。1956 年，苏联第一次参加冬奥会就一举登上奖牌榜第一的位置。在“老大哥”的成绩刺激下，我国的冰雪运动也开始了图强之路。

毛泽东主席的女儿李敏在四川少年儿童出版社出版的《我的童年与领袖父亲》一书中，描写过父亲带她滑冰时的情景：“在我小学没毕业的一个大冬天的周日，父亲带我们几个孩子一起到南海的溜冰场去滑冰。一到那儿我们就急急忙忙地换好父亲让人给买的崭新的冰鞋。父亲穿着大衣站在一旁，点上烟看着我们，似乎在说：‘孩子们练去吧，试试你们的身手。’”

新中国成立初期，除了北京市民的自发滑冰锻炼外，每年冬天，北京市体委等单位还会组织各种形式的群众冰上运动会以及有运动员参加的冰上运动会。

1953 年，第一届全国冰上运动会在哈尔滨举办，这届运动会是中华人民共和国成立后举办的第一场综合性全国冰上运动会。由于过去中国的冰上运动底子薄，竞赛成绩不尽如人意，于是中央体委提出要普及冰上运动，提高冰上运动的竞技水平。

1954 年 1 月，人民体育出版社成立，这是一个国家级的体育专业出版机构，出版社成立当年就出版了一些宣传画为滑冰运动推波助澜，如《冬天到了，滑冰去!》《滑冰是冬季锻炼的好运动》。除了印制宣传画之外，中国青年出版社、人民体育出版社等出版机构出版了很多与冰上运动有关的图书，希望通过这些图书来指导冰上运动，为冰上运动训练和教学提供技术支持。

# 第三节 改革开放后的冰雪运动

## 一、中国冰雪运动快速发展的40多年

改革开放对中国的社会、文化和体育事业具有重大的影响。十一届三中全会以后，中国的冰雪运动得到蓬勃发展。

1978年10月，叶乔波和八一队的小队员开始在黑河、嫩江、海拉尔、齐齐哈尔等地接受训练。

1978年12月，改革开放拉开序幕。两年后，中国冬季运动健儿走出国门，登上国际舞台，从此翻开中国冰雪运动发展与腾飞的新篇章。

改革开放的第二年，中国奥委会恢复了在国际奥委会的合法地位。1980年2月，以李梦华为团长的中国冬奥代表团一行36人参加了在美国普莱西德湖举行的第十三届冬奥会。虽然没有获得奖牌，但这是新中国冰雪健儿首登国际舞台的时刻，五星红旗开始在奥林匹克赛场飘扬。

经过12年的努力与拼搏，1992年，法国阿尔贝维尔第十六届冬奥会上，叶乔波以40.51秒获得女子500米速滑银牌，为我国收获冬奥会历史上第一枚奖牌，实现了我国冬季项目“奖牌零的突破”。

叶乔波回忆起当年的情景不无遗憾地说：“我非常想赢得一枚金牌，但在比赛换道区出现了意外相撞，我与金牌失之交臂。但这是我国冰雪史上第一枚奖牌，当时既兴奋又遗憾！”

改革开放24年后，我国冬季竞技体育迎来辉煌时刻——2002年美国盐湖城冬奥会，杨扬在短道速滑女子500米比赛中以44.187秒夺金，为我国实现了冬奥会历史上“金牌零的突破”，实现了几代冰雪人的金牌梦。

8年后温哥华冬奥会，我国获得5金2银4铜，王濛、周洋等短道速滑选手掀起“中国风暴”，实现全满贯，申雪/赵宏博、庞清/佟健包揽花样滑冰双人滑金银牌。2014年索契冬奥会，张虹在女子1 000米速滑比赛中夺得金牌，实现了我国速滑的历史性突破。

40多年来，我国冰雪运动员的心中都燃着以最好成绩报效祖国的一团火。正是这团不灭的信念之火，让叶乔波、陈露、徐囡囡、李佳军、韩晓鹏、李妮娜、杨扬、王濛、申雪、赵宏博等运动员一次次克服伤痛与困难，不断突破极限，超越自我。

国家体育总局冬运中心原主任赵英刚介绍，40多年前，滑冰和滑雪在我国都是小众项目，主要是黑龙江、吉林等寒冷地方的专业队在训练，条件非常艰苦。

“我们每天要开半小时的车才能到达训练地点，外面刮着五六级的寒风，到了地方都被冻得没了知觉，但又必须马上开始训练。”回忆起当时的情景，叶乔波深有感触：“那时我年龄最小，不到13岁，几乎每天都是哭着训练。”

40 多年前，东北地区的很多孩子练习滑冰都是因为生活条件差。进入体校是他们的期盼和梦想，花样滑冰运动员赵宏博就是这样开始滑冰的。

“我们当时总到满洲里海拉尔的湖上和江上滑野冰。”赵宏博回忆说，“室外非常冷，我们穿着很厚的毛衣毛裤，戴着帽子、围脖、脖套、手套，出汗后一结冰，脖套硬得能立起来，眉毛和睫毛上也会结冰。”

1983 年，首都体育馆滑冰馆投入使用，我国开始有了室内冰场。赵宏博说：“我们哈尔滨队总去首体蹭冰，室内冰场给人的感觉非常不一样，冰面特别平滑，像镜子一样。人滑得很快，甚至会经常停不住，撞到护板上。不过，我们只能排在凌晨一点上冰，因为人太多，都排满了。”

渐渐地，我国的室内冰场开始增多。20 世纪 90 年代末，原国家花样滑冰队运动员范军在北京成立了第一家滑冰俱乐部——世纪星滑冰俱乐部，此后室内冰场如雨后春笋般增加。如今，我国已拥有 250 个室内冰场，到 2022 年北京冬奥会时，室内冰场将增至 600 个。

改革开放前，全运会就设有滑冰和滑雪项目。1996 年第三届亚冬会在黑龙江亚布力举行，滑雪逐渐成为时尚运动。2007 年亚冬会后，我国的滑雪条件开始有了巨大改善。2008 年中国成功地举办了北京奥运会，我国的冬季体育运动也由此进入快速发展期。2015 年我国成功申办 2022 年冬奥会后，出现了新的滑雪热潮，滑雪场数量和滑雪人数快速增长，如今我国的滑雪场已达 703 个，滑雪人数 1 570 万。

我国冰雪运动起步较晚，20 世纪七八十年代，运动员很少出国参加世界比赛，当时的口号是“冲出亚洲走向世界”。赵宏博说：“我练花样滑冰时，根本没想过去国外参加比赛。”

1991 年哈尔滨全国冬运会夺冠后，赵宏博和当时的女伴解毛毛受邀去俄罗斯训练、比赛半年。赵宏博说：“在俄罗斯新闻杯赛上，当我看到世界顶级运动员滑冰时，那种艺术冲击力给我巨大震撼，他们的动作太美了，之前我从来没见过。我情不自禁地站起来观看鼓掌，从那时起，我真正喜欢上花样滑冰，开始有意识地训练。”

改革开放初期，国门刚刚打开，代表团出国比赛的设备很简陋，国外先进的设备基本没见过，在国际赛场上，即使技术高超，也很难被认可。

1994 年国家体育总局冬季运动管理中心的成立，标志着中国冰雪运动走上正轨。北京奥运会后，我国冰雪运动进入快速发展期。国家开始重视冰雪运动，对冰雪运动项目的支持力度逐渐加大，我国运动员出国比赛次数增多，水平不断提高，也越来越被世界认可与接受。

已成为我国花样滑冰队总教练，率领花样滑冰队正在备战 2022 年冬奥会的赵宏博说：“国家对冰雪项目投入力度很大。现在运动员的生活条件、训练条件和后勤保障都达到了世界顶级标准。”冰上和雪上多支队伍聘请了国际级教练，同时采取走出去的方式，去国外训练学习，大大提升了训练水平和比赛经验。

中国代表团的冬奥征程已历经四十载。从 1980 年到 2018 年，参赛运动员由 28 人增加到 82 人，参赛项目由速滑、越野滑雪和冬季两项的 18 个单项，增加到 5 个大项、12 个分项、55 个小项。我国冰雪运动起步较晚，由于地理条件、气候等自然因素的阻碍，发展较慢。但改革开放以来，中国冰雪运动健儿在冬奥会赛场上实现的奖牌零突破、金牌零突破、速度滑冰项目突破和单届最佳成绩，都使中国冬奥会项目的竞技水平有了质的飞跃。

改革开放 40 多年，我国冰雪运动已踏上飞速发展的轨道。

## 二、2020 年冬奥会与中国冰雪运动发展的重大机遇

往届的 23 次冬奥会大多在欧美国家举办，亚洲只有日本札幌、长野和韩国平昌举办过冬奥会。我国经济的快速发展和综合国力的全面提升，以及冰雪运动在国际赛事中取得越来越多令人瞩目的优异成绩，终于使得 2022 年冬奥会落户北京，这不仅是整个中华民族的期待与梦想，更是整个国家和民族的荣誉与骄傲。同时也标志着中国开始迈向冰雪运动大国的行列。

2022 年北京冬奥会的申办成功，给中国冬季体育运动发展带来重大历史机遇。2022 年北京冬奥会将会是中国冰雪梦想重新实现的地方，更会是中国的冰雪运动超越梦想的地方。

申办 2022 年北京冬奥会时，中国向国际奥委会和国际社会庄严承诺，要利用筹备北京冬奥会的历史契机，在中国大力发展冰雪运动，“带动三亿人参与冰雪运动”。为此，国家体育总局等中央部委出台政策，各省区市积极配合支持，全社会参与，短短几年，我国冰雪运动的普及结出累累硕果，呈现出东西南北中多点开花的良好态势。

如今，随着“北冰南展西扩”战略的实施，冰雪运动逐渐普及，参与人数逐年增长。2022 年北京冬奥会成功申办，国家体育总局和各省区市积极支持，上海、江苏、广东、重庆、青海等南方和西部省市开始举办短道速滑、花样滑冰、冰壶等国际大赛。冰雪运动逐渐进入人们的生活，成为大众喜欢的休闲娱乐方式。

2016 年新疆举办了第十三届全国冬运会，这是冬运会在历史上第一次走出东北。2020 年，第十四届全国冬运会将在内蒙古进行。

2016 年 11 月，国家体育总局发布《冰雪运动发展规划（2016—2025 年）》及《全国冰雪场地设施建设规划（2016—2022 年）》，提出在提高运动竞技水平方面，要优化冰雪运动竞技项目布局，完善冰雪运动后备人才培养体系，积极筹办 2022 年北京冬奥会。在党的十九大精神的引领下，要坚持以竞技体育提升带动群众体育发展、以群众体育发展带动体育产业发展、以全民健身带动全民健康的“三个带动”要求，按照新的发展理念，建设健康中国和体育强国。

可持续发展的人才选拔与培养，优化的训练模式与项目体系，快速优质的场地设施建设，都将进一步推动冰雪产业发展，加强冰雪文化建设，促进我国冰雪运动的全面繁荣，促进经济社会发展。

在倡导亿万青少年切实参与冰雪活动政策的推动下，可利用以往“体教结合”的成功经验，通过加强和完善学校与体校之间的合作内容、深度，使其达到功能互补、保证冰上项目后备人才获得更好的教育的效果。同时，可将更多的冰上竞技体育资源引入校园，让学生能够更好、更全面地接受运动队的专业性指导。

“冰雪进校园”战略的实施，可以让冰雪运动在青少年中推广普及，为我国冰雪运动的发展开辟更广泛的前景。滑冰俱乐部的快速发展也为专业队选拔人才提供了更多途径。冰雪运动逐渐走进人们的生活。

冰雪场地设施是发展冰雪运动、发展冰雪产业的基础。为进一步加快冰雪场地设施建设，减轻我国冰雪场地地域差距，确保实现“三亿人参与冰雪运动”的目标，《全国冰雪场地设施建设规划（2016—2022 年）》明确提出统筹规划建设、加快滑冰场地建设、推动滑雪场地建设、鼓励冰雪乐园建设 4 项主要任务。在政府的引导下，通过市场的运营机制将社会分散的资本聚集起来，由专业化的投资机构运作，加快场地设施建设。

我国的冰雪运动正处于全民参与阶段，群众的参与热情为我国冰雪产业的发展注入了强劲动力。但由于受到社会经济发展的基础、自然地理条件等因素制约，加之服务供给不足、产需对接不畅等问题阻碍，滑雪人数虽有显著增长，但多为一次性体验者。因此，现阶段不同地区可修建各种现代化规模的滑雪场、滑冰场。天然冰雪条件好的地区可开发多元化、复合型的冰雪旅游项目来吸引群众参与冰雪运动，推动冰雪产业的形成与发展。

中国冰雪运动竞技水平不断提高，群众基础不断加深，场地设施不断完善，冰雪运动文化氛围逐渐浓厚。欧美等冰雪强国虽然至今仍垄断冬奥会奖牌榜前三位，中国参与冰雪运动的人数比例与欧美国家相比也还有较大差距，但随着 2022 年北京冬奥会的成功申办，随着国家体育总局发布和实施《冰雪运动发展规划（2016—2025 年）》及《全国冰雪场地设施建设规划（2016—2022 年）》，随着冰雪运动竞技项目的布局和优化，冰雪运动后备人才培养体系进一步完善，竞技体育正在提升和带动群众体育发展。以群众体育发展带动体育产业发展的局面正在形成，中国正在迎来建设健康中国和体育强国的重要时刻。

## 第四节　新时代我国冰雪运动的概貌与愿景

党的十九大报告提出，我国社会主要矛盾已经转化为人民日益增长的美好生活需要和不平衡不充分的发展之间的矛盾。正确分析和判断目前社会的主要矛盾，重新确定党在现阶段的主要工作任务，对于中国新时代冰雪运动的发展具有极其强大的助推作用。不断推陈出新的政策，不断与时俱进的基础设施的改善，以及全民参与冰雪运动的热情与兴趣提升，使中国冰雪运动迎来了蓬勃发展的好时代。而在这当中，国家主席习近平对于中国新时代冰雪运动发展的推动发挥着举足轻重的作用。

习近平在接受俄罗斯电视台专访时表示：“冰雪项目中，我爱看冰球、速滑、花样滑冰、雪地技巧。特别是冰球，这项运动不仅需要个人力量和技巧，也需要团队配合和协作，是很好的运动。”

2017 年 4 月，习近平对芬兰进行国事访问时，同芬兰总统尼尼斯托一起，会见了刚刚参加完 2017 年世界花样滑冰锦标赛的中芬两国冰雪运动员代表。双方运动员向两国元首赠送了运动衣。也正是在那次访问中，习近平和尼尼斯托商定将 2019 年确立为“中芬冬季运动年”。

此外，2018 年 6 月，习近平与俄罗斯总统普京在天津共同观看中俄青少年冰球友谊赛。习近平和普京在冰场同两国小队员逐一击拳问候。小球员们还分别向习近平和普京赠送了俄、中两队球衣。

习近平表示：“全民健康是强国的基础，全民健康才有精神去改革创新，去努力奋斗，打赢脱贫攻坚战。全民健身是全体人民增强体魄、健康生活的基础和保障，人民身体健康是全面建成小康社会的重要内涵，是每一个人成长和实现幸福生活的重要基础。‘发展体育运动，增强人民体质’是我国体育工作的根本任务。希望同志们充分认识体育对提高人民健康水平的积极意义，落实全民健身国家战略，普及全民健身运动，促进健康中国建设。”习近平对于我国冰雪运动的发展提出了不少具有前瞻性的意见和建议，这对于我国冰雪运动的发展和普及具有强有力的推动作用。

继 2001 年申奥成功以来，中国在世界运动发展潮流中逐渐起到了引领作用。随着 2022 年北京冬奥会的成功申办，中国的冰雪运动将迎来里程碑时刻。

2016 年 11 月国家体育总局等四部门联合下发的《冰雪运动发展规划（2016—2025 年）》明确提出到 2025 年，要实现直接参加冰雪运动的人数超过 5 000 万人并“带动三亿人参与冰雪运动”，冰雪产业总规模将达到 10 000 亿元。无论是吉林、黑龙江等传统冰雪强省，还是贵州、四川等冰雪“新贵”，都在为“三亿人参与冰雪运动”而努力。

“北冰南展西扩”战略效果开始显现。当中国北方步入冰雪运动旺季，数个高山滑雪场开放之时，中国南方城市也壮怀激烈：“滑雪何必去北国，雪上飞舞到凉都。”

从北到南，冰雪运动在中国呈蔓延之势。如长春市在下辖的每个县市区内布局冰上训练基地，丰富原县级体校冰上训练的相关内容。每个县市区都有冰场、有队伍、有训练，县级体校参与冬季项目的学员也已从几年前的几十人发展到如今的千余人。吉林省中小学生在家门口就可以参加冬季运动比赛、体验公益培训，包括越野滑雪、高山滑雪、滑冰、冰球等 29 个项目。

吉林省计划到 2020 年冰雪旅游人数达到 1 亿，冰雪旅游总收入达到 2 300 亿元。冰雪与养老、文创、旅游等产业融合的发展局面正在形成，冰雪产业的项目承接能力和消费市场体量都将迅速提升。

中国的南方城市则是把发展冰雪运动作为弥补冬季体育产业空白、满足人民群众多样性健身需求的重要举措。根据人口占比和自然条件，仅贵州省就计划到 2025 年带动 400 万人参与冰雪运动。南方不少省市正实施同时发展城市室内滑冰运动和山地户外滑雪运动的计划。

让滑雪成为中国家庭热门的度假方式，这是地方政府和相关部门努力将体育竞技、全民健身和体育产业三方面相结合，实现推动中国冬季体育运动快速发展的有力而高效的尝试。

中国人对 2022 年北京冬奥会的关注和参加冰雪运动的热情空前高涨。

到目前为止，“北京 2022 吉祥物收藏”的微博主题已达 155 万；“行动呼吁”和“冬季奥运会吉祥物在我心中”的微博已达 3 711 万个，被浏览微博已达 65 万个，CCTV 5 上播出的该类微博超过 37 万个。

经过层层筛选，一只名为“冰墩墩”的大熊猫成为 2022 年北京冬奥会的吉祥物，灯笼形状的“雪容融”则成为了冬残奥会的吉祥物。

“冰墩墩”的原型可视为一个冰壳，曾与冰糖葫芦相关联。最终选择大熊猫是因为大熊猫作为中国的“国宝”太受欢迎了，也是为了动员社会力量和专业人士参与 2022 年冬奥会吉祥物的收藏，让更多的人了解 2022 年冬奥会的筹备情况，了解冰雪运动的相关知识。为此，2022 年北京冬奥会组委会有关部门先后开展了一系列宣传活动。

2022 年冬奥会的成功申办无疑会将中国的冰雪运动推向一个又一个高潮，属于中国的冰雪运动盛世也即将到来。

## 本章要点

1. 红色革命精神与冰雪运动的结合。
2. 中国冰雪运动在革命年代举步维艰的发展。
3. 改革开放为中国冰雪运动发展带来契机。
4. 2022 年冬奥会申办成功的背景下中国冰雪运动质的飞跃。

## 基本概念

2022 年冬奥会　吉祥物　“冰墩墩”和“雪容融”　“北冰南展西扩”战略　“冰雪进校园”战略

## 复习思考题

1. 简述在政策文件支持的背景下冰雪运动进校园的意义。
2. 中国近代革命精神是如何推动中国冰雪运动发展的?
3. 改革开放后中国哪些冰雪运动得到飞速发展?
4. 请对未来中国冰雪运动发展进行展望。
5. 谈一谈习近平总书记对于中国冰雪运动发展做出的指示。

## 阅读书目

1. 郭磊. 冰雪鉴 冰·鉴：时光里的冰上运动 [M]. 北京：北京出版社，2018.
2. 朱志强. 冰上运动 [M]. 北京：人民体育出版社，2012.

# 第四章　我国民俗冰雪运动项目

**重点问题**

- 我国民俗冰雪运动的起源
- 我国民俗冰雪运动的文化和价值
- 如何欣赏我国的民俗冰雪运动

## 第一节　民俗冰上运动项目

### 一、冰蹴球项目

在我国清代除有文字记载的冰上运动项目“冰上蹴鞠”外，在民间还有一种叫作冰蹴球的游戏，是当时北京老百姓冬天的消遣活动项目。冰蹴球玩法很简单，其规则与冰壶类似，不过只能用脚踢。比赛场地为长 12 米、宽 2 米的冰面，两端为双方队伍的发球区，中间圆圈是得分区，场地两边还画有蓝色的发球限制线，发球最远不能越过对面的限制线。比赛时，双方将球发向场地圆心，通过撞击和阻挡的方式，以达到本方球占领圆心的目的。

双方队员入场后，队长随志愿者进入场内与主裁判进行选边。随后，队长带领队员直接进入场内各自等候区，等待主裁判介绍完运动员后宣布比赛开始。参加比赛的队员须在主裁判发出口令后 15 秒内于击发区内任意位置完成发球。第一局比赛红球先发，蓝球后发，双方分别依次交替发出 5 个球，发在两条限制线之间为有效发球（压线有效）。两局比赛后，双方队员交换场地。比赛以球最终停留的位置记分。最内圆区域记 5 分，中间圆区域记 3 分，最外圆区域记 1 分（压线按高分记）。5 球得分相加为本方一局得分。冰蹴球比赛每场 4 局，累积得分多者为胜。4 局比赛后如出现平局，将进行点球决胜，由双方各发一球，球中心点离场地得分区中心横线近者为胜。

冰蹴球项目具有一定的普及性、健身性和娱乐性，很受市民欢迎。从项目性质上看，冰蹴球运动没有身体上的直接接触，这就避免了一些运动伤害的发生。从健身效果上看，冰蹴球使用下肢，尤其是足部进行蹴球，足部经络集中，穴位丰富，可以间接起到足底按摩的效果。同时，冰蹴球需要单脚蹴球，在练习过程中，反复地单腿支撑蹴球能够提高人们的身体平衡能力和腿部力量，从而有益于健康。此外，在比赛过程中，参与者还要具备良好的心理素质和场上应变能力。

## 二、冰上捶丸项目

捶丸，顾名思义，就是用一些专用的运动器具捶打球，是中国古代球戏之一。捶丸的前身是唐代马球中的步打球，类似现代的曲棍球，有较强的对抗性。到了宋朝，步打球由原来的同场对抗性竞赛逐渐演变为依次击球的非对抗性比赛，球门改为球穴，人用棒将球击入穴中。

冰上捶丸是在长 10 米、宽 10 米的正方形平坦冰面上进行，场地中设立五个拱形球洞，球穴是直径约为 20 厘米的圆形区域，位于场地中心。发球区位于场地四角，为半径 0.5 米的扇面。比赛用球参照冰球比赛用球，比赛用杆参照曲棍球比赛用杆，球洞为拱形木方所制。

冰上捶丸比赛的参与人数比较随意，可由双人或多人参加。从规则方面看，选手于击发区开球，通过击打使球穿过场地中的 5 个不同球洞，球穿过球洞后需要在相应位置插上小旗，已穿过的球洞再次进入无效。最后，将球打入中心球穴。总计用杆数最少的选手获胜。

作为一项户外运动，冰上捶丸不仅能够提高选手的身体素质，而且帮助人们充分享受阳光与新鲜空气，达到放松心情的目的。该项目的运动强度较小，可大大减少运动损伤的发生。此外，在比赛过程中，选手们能够通过设计合理的击球路线，培养各自的独立性和思维缜密性。

## 三、打冰嘎项目

打冰嘎是冰上游戏的一种。打冰嘎的陀螺是由木头制成的，形状是圆锥形，锥端镶一个铁珠子；鞭杆木制，配有鞭绳。在冰面上，人们手持鞭杆，挥臂用鞭绳抽打冰嘎，让冰嘎快速旋转。打冰嘎比赛是在长 6 米、宽 6 米的正方形平坦冰面上进行。边线及各线段都宽 5 厘米，各线段均为场内的一部分。场地中心有一个方形区域，区内为界内，区外为界外。场地中设立四个直径 50 厘米的圆形途经点，呈方形分布在场地中，顺时针依次为 1、2、3、4 号。终点区是场地中心一个直径 50 厘米的圆形区域。场地底角为放陀区。

比赛时，选手将冰嘎放置在场地底角。随后，用鞭子抽打冰嘎，将其赶至 1 至 4 号途经点，在每个途经点旋转 3 秒后，才可继续向其他途经点抽打（无须按照顺序经过途经点，但必须走过全部途经点）。当冰嘎经过所有途经点后，将其赶至终点区，在终点区旋转 3 秒后计时结束。用时最少的选手获胜。如若将冰嘎抽打出界，则罚时 10 秒。

打冰嘎过程中会有撞击、过点、走路线等多种玩法，具有一定的娱乐性和趣味性。此外，该项运动具有健身功能，能够锻炼手臂、腰腹等多处部位，非常适合广大群众在户外场所活动。

## 四、冰车项目

滑冰车是我国北方民族冬季传统体育活动之一。冰车用木板制作，板下安有两根铁条；准备两根冰杖，支撑冰车在冰面上滑行。早年间人们滑冰车需要蹲在板上滑行，现在为了方便少儿及年老者，冰车上安装有简易座位。人坐在冰车上，双手持冰杖，向后用力往冰上点击，冰车便启动起来。点击冰面的频率越快，用力越大，冰车的滑行速度越快。拐弯时用冰杖的支撑来改变方向。

滑冰车的比赛装备有单人冰车和冰杖，绕桩赛则加配锥筒。跑道长 20 米，宽 2 米。在 4×10 米折返接力赛中，每队 4 人，每人滑相同距离（10 米），运动员不可以串道。交接时，前一棒运动员须拍到后一棒运动员的手，根据每队所用时间长短得出具体名次。20 米绕桩赛由个人参赛，冰面上每隔 2 米放置锥筒，选手须绕桩向终点滑行，用时最短者获胜。

滑冰车不仅可以自己滑，也可以带人。孩子们经常在冰上进行速滑比赛，相同距离，先到者为胜。男女老少兴高采烈地在冰面上玩耍，可以感受北国冬天的寒冷与欢乐。

## 五、冰上木射项目

木射是一种类似以地滚球击打木柱的运动。冰上木射是在半径 10 米、内角为 20 度的扇形冰面上进行的木射运动。冰上木射的比赛设备包括木瓶 15 个（其中，红色木瓶 10 个，黑色木瓶 5 个），冰蹴球 5 个，画线工具 1 套。

冰上木射比赛包括双人赛和多人赛。比赛时，选手于发球区射球，击倒红色木瓶得 2 分，击倒黑色木瓶扣 1 分。发球区分为：普通发球区，也就是“无额外计分”的区域；双倍发球区，也就是击倒红瓶计 4 分、击倒黑瓶扣 2 分的区域；三倍发球区，也就是击倒红瓶计 6 分、击倒黑瓶扣 3 分的区域。如一球击倒多个木瓶，分数累加。比赛共有 5 次射球机会，最终分数最高者获胜。

该项目的器材和场地设置简单，老少都适宜，比较容易普及。同时，游戏可以缓解压力，舒缓心理紧张，具有一定的娱乐性。

## 六、冰上绫球项目

在我国东北地区，有些妇女用碎布缝成包，里面装上杂豆，供孩子们嬉戏。后来，把布包的形状确定成了菱形，里面装上豆类和铃铛，因此，被叫作“绫球”。

冰上绫球比赛是在长 30 米、宽 23 米的长方形平坦冰面上进行。场地画了中线、防守区、角球区、得分区罚球线、界线。队员需要穿着冰鞋比赛。

比赛时，每队上场 5 名队员，任何一方经过多次传递，从对方防守区外将球投入对方得分区为得一分。如果一名队员持球超过 5 秒没有传球，也没有发球，将被判违例。如果队员持球时发力滑行，则判违例。比赛时间为 6 分钟，比赛结束时，得分多者为胜。

冰上绫球项目对运动场地要求不高，比较容易普及推广。另外，冰上绫球运动过程中需要相互传球的团队配合来得分，因此，能很好地培育参与者的团队精神。同时，在运动中比较少的直接身体对抗也可以避免一些运动伤害事故的产生，是一项相对安全的运动。

### 七、冰上龙舟项目

在我国北方，有一种叫作“冰车”的冬季娱乐活动。人们在冰车运动中获得灵感，将多个冰车串联起来，再结合冰上拔河的运动规则，经过不断的演化，形成了冰上龙舟运动项目。

冰上龙舟比赛场地长 50 米、宽 7 米，每单条赛道宽 3 米，共有两条赛道。场地线宽 5 厘米，两端线为起点线和终点线，中间为中线和拔河胜负线。器材主要有冰上龙舟和拔河绳。

该项目包括竞速赛和拔河赛。竞速赛每队 3～5 人，参赛队听到出发口令后以最快速度划至终点线，首先到达终点的队获胜。比赛计时以船尾通过终点线为准。拔河赛是两队竞赛，每队上场 3 人。裁判将拔河绳的两头系于两艘龙舟尾部，双方以拔河形式竞技，中心绳过胜负线为结束。

冰上龙舟融合了传统龙舟、冰车、拔河几项运动的元素，具有较强的技巧性、竞技性、趣味性，是一项大众喜爱的冰上运动。

## 第二节　民俗雪上运动项目

### 一、冰雪拔河项目

冰雪拔河为双方各执绳一端在雪上进行角力的体育活动，属于中国的传统运动项目。冰雪拔河是在长 12 米、宽 3 米的平坦雪地上进行，主要装备有拔河绳、手套和冰爪。

冰雪拔河比赛中，每队 5 名成员，至少包含 1 名女队员。比赛前，双方队员依照各队队长安排的次序站好，队长确认准备完毕后，向裁判做出明确示意。当队员听到举绳拉紧口令时，双手握住绳子，并听从裁判指挥，迅速使绳上红线记号与中心线对准，保持拉紧绳索状态，静止不动。比赛开始时，裁判吹哨。当中心红绳被拉到“胜负线”时，本局比赛结束。

冰雪拔河所需条件简单，易于开展。该项运动能够提高选手们的团队凝聚力和身体平衡能力，也能够考验双方队员的战术决策和合理安排人员位置的能力，具有一定的娱乐性和趣味性。

## 二、雪垒项目

雪垒是以我国传统民间游戏“打雪仗”为基础演化而来的运动项目，是一项将体育运动和民族传统文化相结合的民族项目。

雪垒比赛在长 36 米、宽 16 米的平坦雪地上进行，主要装备包括雪球机、掩体、手套、训练鞋、锥桶、室内用球、头盔、队旗、训练背心、护膝。

雪垒比赛对抗双方可以分别为 3 人、5 人、7 人。对抗时，双方运动员以雪墙为掩护，利用雪球相互投掷。雪垒比赛的每局有固定的雪球数量，如果队员被雪球直接击中身体，将被判出局。在正式的雪垒比赛中，一般采用三局两胜制，每局 3 分钟。率先拔下对方旗帜的一方则获胜，如果两队都没有拔掉对方旗帜，则比赛结束时，场上剩余人员较多的一方获胜。若两方平局，就进入掷点球大战。

雪垒运动的技术门槛较低，也基本不受场地约束，适合各类人群参与，并且具有很强的趣味性。在锻炼价值方面，雪垒运动可以全面提高队员的身体素质，锻炼其心肺耐力、肌肉爆发力、身体协调性、柔韧性和应变力，也能培养其各方面综合素质，如领导力、团队协作能力、意志品质等。

### 本章要点

1. 我国是具有多样传统冰雪运动文化的国家。

2. 我国冰雪文化是基于我国自然、文化发展的大众、民俗项目，具有我国文化、区域特色。

3. 大众冰雪项目是我国不同区域体验、参与冰雪运动，感受冰雪文化的重要方式。

### 复习思考题

谈谈我国民俗冰雪运动在冬奥会背景下的意义和价值。

# 第二单元　冬季奥林匹克运动会基础知识

## 第一章　冬奥会起源

**重点问题**

- 冬季奥林匹克运动会的起源
- 冬季奥林匹克运动会的发展历程
- 历届冬季奥林匹克运动会的文化特色

冬季奥林匹克运动会简称“冬奥会”，是世界性的综合性的奥林匹克冬季运动会。自法国夏慕尼 1924 年第一届冬奥会开始，至韩国平昌 2018 年第二十三届冬奥会，冬奥会共举办了 23 届。2022 年第二十四届冬奥会将由我国首都北京和河北省张家口市联合举办。本章内容将介绍冬奥会的起源与发展历程。

### 第一节　冬季奥林匹克运动会的起源

冬季冰雪运动起源于冰雪资源非常丰富的北欧地区，是从当地居民的生产和生活中逐渐演化而来的。随着国际奥林匹克运动的发展，冬季冰雪运动逐渐融入了国际奥林匹克大家庭。

## 一、冬奥会产生的背景

19 世纪，随着国际体育的兴起，冬季运动也获得了较大的发展。冰雪运动在欧洲和北美一些国家迅速开展起来。各种滑冰、滑雪和雪橇组织在荷兰、挪威、俄罗斯、法国、奥地利等国家纷纷建立。与此同时，一些跨国性的冬季运动单项赛会也相继举行。

1908 年，冬季运动作为奥林匹克项目的一部分在伦敦奥运会首次亮相，男子和女子花样滑冰被列入比赛项目。1920 年的安特卫普奥运会上，花样滑冰和冰球再次被列入比赛项目。这些冬季项目的比赛比 4 月份举行的其他项目的奥运会比赛提前 4 个月举行。第一届独立的冬奥会（正式称为第一届冬季奥林匹克运动会）于 1924 年在法国夏慕尼举行。

## 二、国际冰雪运动联合会成立

### （一）国际滑冰联合会的成立

国际滑冰联合会（The International Skating Union，ISU）于 1892 年成立，是最早的国际性冬季体育协会。19 世纪后半叶，非正式的速度滑冰和花样滑冰比赛在世界的不同地域出现。1863 年，最早的现代速滑比赛在挪威举行。1885 年，国际速度滑冰比赛在德国汉堡举办。1882 年，第一届世界花样滑冰比赛在维也纳举办。随着世界性滑冰比赛的兴起，速度滑冰和花样滑冰以及正式的滑冰俱乐部、地区性的协会相继成立。与此同时，成立国际性体育管理组织成为冰雪运动进一步发展的迫切需求。1892 年 7 月，来自欧洲的 15 个代表团在荷兰的席凡宁根召开会议并成立了国际滑冰联合会（简称“国际冰联”），确定了联合会章程及国际比赛规则。1894 年，加拿大被纳入国际冰联后，国际冰联正式成为了国际性的管理机构。

国际滑冰联合会是国际奥委会官方认可的速度滑冰和花样滑冰的国际性管理机构。短道速滑和速度滑冰为速度滑冰分支机构，花样滑冰下设花样滑冰、冰舞及单人滑和双人滑分支机构。

### （二）国际滑雪联合会的成立

国际滑雪联合会的成立为滑雪运动的发展起到了重要的推动作用。滑雪运动长久以来作为极寒地区重要的交通出行方式而存在，工业革命后滑雪运动开始以体育运动的形式逐步发展。1850 年挪威克里斯蒂安尼亚镇（奥斯陆）附近举行了第一场国际滑雪联合会主办的滑雪比赛。从 1870 年开始，受到北欧滑雪运动的影响，阿尔卑斯地区国家滑雪运动也得到了迅速的发展。随后，地方级、国家级俱乐部相继成立。

从 1910 年到 1924 年，国际滑雪委员会致力于促进世界范围内竞技滑雪运动的发展。国际滑雪联合会成立于 1910 年 2 月 18 日，来自 10 个国家的 22 名代表共同组成了克里斯蒂安尼亚国际滑雪委员会。1924 年，在法国夏慕尼举行的第一届冬季奥林匹克运动会上，该组织正式被称为国际滑雪联合会。

**（三）国际雪车与钢架雪车联合会的成立**

国际雪车与钢架雪车联合会由英国、法国、瑞士、加拿大以及美国的代表于 1923 年 11 月 23 日成立，总部位于瑞士洛桑。国际雪车与钢架雪车联合会下设雪车、钢架雪车两大分支机构。

**（四）国际雪橇联合会的成立**

国际雪橇联合会成立于 1913 年。1883 年首届国际雪橇比赛在瑞士达沃斯和克洛斯特之间的 4 公里公路上进行，来自澳大利亚、英国、德国、荷兰、瑞典和瑞士的选手参加了比赛。1913 年，奥地利、德国和瑞士创建了国际雪橇联合会。

# 第二节　冬季奥林匹克运动会的发展历程

从最初只有几个国家参加的区域性赛事，发展到目前每四年举办一次的冬季冰雪运动的世界性盛会，冬奥会的发展历程已成为世界性话题，冬奥会逐渐成为世界关注的焦点。

## 一、冬奥会的视觉形象

冬奥会的视觉形象是烘托每一届冬奥会气氛，体现每一届冬奥会主题，展示冬奥会精神和文化的重要元素。每一届冬奥会的视觉形象都有其各自的鲜明特征。冬奥会的视觉形象元素主要包括会徽、吉祥物、火炬传递、奥运海报。

会徽：冬奥会会徽是以奥林匹克五环标志为基础，同时衬以表现冬奥会举办城市及其国家历史、地理、民族文化传统等特点的主体图案，有明显的举办城市和举办时间特征的图形徽标。

吉祥物：吉祥物是烘托冬奥会气氛，体现冬奥会主题和精神，代表冬奥会举办城市当地风俗和文化的动物或人物形象。“吉祥物”一词源自普罗旺斯语，19 世纪末出现在法语字典中。第一个非官方的吉祥物被命名为“舒斯”，于 1968 年在格勒诺布尔奥林匹克运动会上出现。直到 1972 年慕尼黑夏奥会，第一个官方奥林匹克吉祥物才诞生。

火炬传递：火炬传递是现代奥运会不可或缺的一部分。在 1936 年柏林夏季奥运会上，第一次夏季奥运火炬传递活动成功举行。在 1952 年的奥斯陆冬季奥运会上，第一次冬季奥运火炬传递活动完满举行。自此，每届奥运会都延续了这一传统。

奥运海报：1912 年斯德哥尔摩奥运会首次出现奥运会官方海报，此后主办城市都以这一形式宣传奥运会。直到 20 世纪中叶，奥运会组委会习惯只设计一两种奥运会宣传海报。1960 年代起，奥委会通常会制作一系列海报。每届奥运会之后，国际奥委会主席都会从官方海报中选择一种海报，作为冬奥会举办区域的代表进行统计。

**冬奥会举办区域、届数统计表**

| 举办区域 | 次数 | 国家 | 年份 |
|---|---|---|---|
| 欧洲 | 14 次 | 法国 | 1924 年、1968 年、1992 年 |
| | | 瑞士 | 1928 年、1948 年 |
| | | 奥地利 | 1964 年、1976 年 |
| | | 德国 | 1936 年 |
| | | 意大利 | 1956 年、2006 年 |
| | | 挪威 | 1952 年、1994 年 |
| | | 南斯拉夫 | 1984 年 |
| | | 俄罗斯 | 2014 年 |
| 北美 | 6 次 | 美国 | 1932 年、1960 年、1980 年、2002 年 |
| | | 加拿大 | 1988 年、2010 年 |
| 亚洲 | 4 次 | 日本 | 1972 年、1998 年 |
| | | 韩国 | 2018 年 |
| | | 中国 | 2022 年 |

## 二、冬奥会的初创阶段（1924—1948）

1924 年第一届冬奥会在法国夏慕尼举行，开辟了国际奥林匹克运动的新纪元。1936 年第四届冬奥会在德国的两个城市加米施和帕滕基兴举行，之后受第二次世界大战的影响，冬奥会停办直至战争结束。因此，将冬奥会从创办到停办的前 4 届冬奥会期间的历史阶段称为冬奥会的初创阶段。

### （一）法国夏慕尼 1924 年冬奥会

1924 年第一届冬奥会在法国夏慕尼举行（1924 年，1 月 25 日—2 月 4 日），原为“国际冬季体育运动周”，后被国际奥委会追认为第一届冬奥会。

阿尔卑斯山脚下的夏慕尼小镇是法国著名的旅游小镇，欧洲最高峰勃朗峰位于其境内，是著名的温泉疗养区和冬季运动发祥地。冬奥会比赛共设有花样滑冰、速度滑冰、有舵雪橇、北欧两项、冰球、跳台滑雪、越野滑雪 7 个分项 14 个小项。冰壶、军事巡逻作为表演项目设置。共有来自 16 个国家的 258 名运动员参加了此次比赛。

● 官方海报

**法国夏慕尼 1924 年冬奥会海报**

一只雄鹰背对阿尔卑斯雪山，俯瞰着山下有舵雪车运动员；鹰爪衔着以法国国旗缎带扎起的棕榈树枝和桂冠。

● 奖牌

**法国夏慕尼 1924 年冬奥会奖牌**

奖牌正面一名冬季项目运动员在勃朗峰前张开双臂，左手拿着一副滑雪板，右手拿着一双滑冰鞋。

传奇人物：

1924 年 1 月 26 日，查尔斯·朱特劳在 500 米速滑比赛中创造了历史。他以 44.0 秒夺得夏慕尼冬季体育运动周的冠军和第一枚金牌。1926 年，朱特劳成为第一位在冬季运动会上获得奥运冠军头衔的运动员。

跳台滑雪比赛中，挪威运动员雅各布·图林·塔姆斯夺得金牌。1936 年，雅各布在柏林举行的八米长帆船比赛中摘得奥运银牌，成为为数不多的既获得冬奥会奖牌又获得夏奥会奖牌的运动员之一。

### （二）瑞士圣莫里茨 1928 年冬奥会

1928 年第二届冬奥会在瑞士圣莫里茨举办。圣莫里茨位于格劳宾州南部，是阿尔卑斯地区著名的滑雪度假区。共有来自 25 个国家的 465 名运动员参赛，其中日本作为亚洲唯一代表，第一次参加了越野滑雪、跳台滑雪和北欧两项三个项目的比赛。

比赛共设置了越野滑雪、跳台滑雪、北欧两项、有舵雪橇、俯式冰橇、速度滑冰、花样滑冰和冰球共 4 个大项 8 个分项 14 个小项。

- 官方海报

**瑞士圣莫里茨 1928 年冬奥会海报**

海报中瑞士国旗和奥运会会旗在蓝天中飘扬，与瑞士格劳宾州最高峰相呼应。

- 奖牌

**瑞士圣莫里茨 1928 年冬奥会奖牌**

奖牌正面一名滑冰运动员张开双臂，在漫天雪花中滑行。背面图案两侧为橄榄枝，顶端为奥运五环，中心刻有“1928 圣莫里茨冬奥会”的文字。

赛事概况：

年仅 15 岁的挪威花样滑冰运动员索尼娅·海妮为挪威赢得了第一块冬奥会金牌，

成为最年轻的冬季奥运会个人项目金牌获得者，并将这一纪录保持了 74 年。

钢架雪车项目被列入本届冬奥会比赛内容，来自法国、意大利、瑞士等 6 个国家的运动员参与了此次角逐，美国人詹尼森·西顿和约翰·西顿兄弟二人分获这一比赛的金牌和银牌。

**（三）美国普莱西德湖 1932 年冬奥会**

第三届冬季奥林匹克运动会于 1932 年 2 月 4 日—13 日在美国纽约州普莱西德湖举行，这是冬奥会第一次在北美大陆举办。普莱西德湖位于阿迪朗达克自然保护区，周围群山环绕，海拔 600 米。冬奥会举办期间，世界经济危机给多国带来重创，导致参赛国家由上届的 25 个减少到 17 个，参赛运动员减少至 252 人。此次比赛共设有跳台滑雪、越野滑雪、北欧两项、有舵雪橇、速度滑冰、花样滑冰和冰球 7 个分项 14 个小项。

● 官方海报

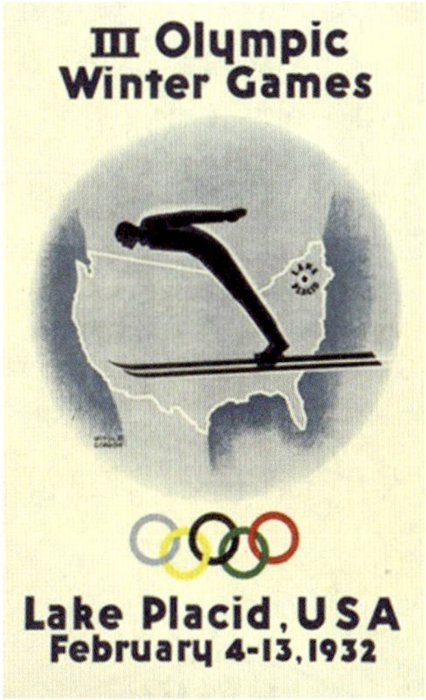


**美国普莱西德湖 1932 年冬奥会海报**

海报以美国地图为背景，突出了普莱西德湖的地理位置，以一名跳台滑雪运动员的剪影为主体形象。

● 奖牌

**美国普莱西德湖 1932 年冬奥会奖牌**

奖牌正面，阿迪朗达克山、冬奥会场馆和跳台滑雪场三大景观，共同托起立于云端右捧桂冠的女神。奖牌背面中心位置为“1932 普莱西德湖第三届冬奥会”字样，上下两端分别为五环标志和桂冠。

家族传奇：

路德一家来自挪威西南部的矿业城镇孔斯贝格，他们在 20 世纪 20 年代到 30 年代主宰了跳台滑雪运动。西格蒙德·路德在 1928 年圣莫里茨第二届冬季奥运会上获得了银牌。小他四岁的比尔格·路德于 1931 年以 19 岁的年龄在欧伯霍夫夺冠。比尔格·路德与同胞汉斯·贝克和卡雷·瓦尔伯格一起组成了挪威跳台滑雪队，包揽了 1932 年冬奥会该项目的所有奥运奖牌。

在随后的几年里，路德兄弟继续在国际跳台滑雪场上展现他们的实力。其中最成功的是比尔格，在 1936 年德国的比赛中他再次夺冠，同时还在冬奥会首次增设的高山滑雪比赛中取得胜利。在第二次世界大战后举办的 1948 年圣莫里茨冬奥会比赛中，36 岁的比尔格夺得了银牌。

1994 年，比尔格·路德被选中在利勒哈默尔冬奥会开幕式上点燃奥运圣火，但由于心脏问题，他不得不放弃这一机会。这位 86 岁的老人于 1998 年 6 月 13 日在他的家乡孔斯贝格逝世。1987 年为纪念这一传奇人物修建了一座跳台青铜雕塑。

**（四）德国加米施-帕滕基兴 1936 年冬奥会**

第四届冬季奥林匹克运动会于 1936 年在德国的两个城市加米施和帕滕基兴举行。共有来自 28 个国家的 646 名运动员参加了比赛。本次比赛共设有越野滑雪、跳台滑雪、北欧两项、高山滑雪、有舵雪橇、速度滑冰、花样滑冰及冰球 4 个大项 8 个分项。

- 会徽

**德国加米施-帕滕基兴 1936 年冬奥会会徽**

前景是奥运五环，后景是坐落在举办地加米施和帕滕基兴的阿尔卑斯山脉的山峰和赛道，周围一圈铭文是德语“第四届加米施-帕滕基兴冬奥会 1936”。

● 官方海报

**德国加米施-帕滕基兴 1936 年冬奥会海报**

海报中展现了德国平面设计师路德维希·霍尔维恩风格式的滑雪者。

● 奖牌

**德国加米施-帕滕基兴 1936 年冬奥会奖牌**

奖牌正面上方是胜利女神手持花冠驾驭三匹马拉着的古代战车，行驶在四束光组成的凯旋门上，下方由滑冰鞋、雪车等冬季装备组成。

规则争议：

本届冬奥会高山滑雪项目首次被列入比赛，却引发了一场重大争议。国际奥委会规定运动员参赛应符合“业余原则”，认定高山滑雪教练不能参加奥运会，因为他们是专业人士。因此，奥地利和瑞士滑雪者愤怒地抵制了这些活动，只有少数奥地利人决定代表德国参加。

## 三、冬奥会的发展阶段（1948—1992）

第二次世界大战结束后，中断 12 年的冬奥会于 1948 年在瑞士圣莫里茨恢复举办，冬奥会的发展进入新的历史阶段。1992 年，第十六届冬奥会在法国阿尔贝维尔举办，之后，改变了冬奥会与夏奥会共同举办的办赛模式，冬奥会发展成为一种独立的国际奥林匹克冬季运动的综合性运动会。因此，将第五届冬奥会到第十六届冬奥会的历史阶段称为冬奥会的发展阶段。

### （一）瑞士圣莫里茨 1948 年冬奥会

1948 年，由于第二次世界大战而中断 12 年的冬奥会再次在瑞士圣莫里茨举办，这是圣莫里茨第二次举办冬奥会。与夏季奥运会不同，如果没有举办冬奥会，则不计入冬奥会的举办次数，因而本届冬奥会被称为第五届冬奥会。来自 28 个国家的 669 名运动员参加了此次比赛，比赛设置了越野滑雪、跳台滑雪、北欧两项、高山滑雪、有舵雪车、钢架雪车、速度滑冰、花样滑冰和冰球共 9 个分项 22 个小项。

- 会徽

**瑞士圣莫里茨 1948 年冬奥会会徽**

会徽上方为太阳神，下面是奥运五环和第五届冬奥会举办地、举办时间的相关信息。

● 官方海报

**瑞士圣莫里茨 1948 年冬奥会海报**

浅蓝色到黑绿色的冬季天空中，太阳照亮了圣莫里茨山坡上的积雪。阳光充满整个画面，在画面远处最后出现瑞士国旗上的十字。

● 奖牌

**瑞士圣莫里茨 1948 年冬奥会奖牌**

奖牌正面以冬季雪花为点缀，中间刻有“第五届圣莫里茨冬奥会 1948”字样。奖牌背面，以五环为背景，在高举的火炬周边刻着奥林匹克格言“更快、更高、更强”。

奥运首金：

在高山回旋比赛中，美国高山滑雪运动员格蕾琴·弗雷泽在第一轮比赛一路领先。当她准备开始第二轮比赛时，电子计时系统出现了问题。尽管比赛时间延迟了 17 分钟，她仍以第一名的成绩赢得冬奥会首金。

第一位法国冠军：

来自瓦勒迪泽尔的滑雪者亨利·奥雷勒同时赢得了高山滑雪速降和高山全能的冠军，成为第一个赢得冬季奥林匹克运动会冠军的法国人。

花滑新星：

年仅 15 岁的芭芭拉·安·斯科特在圣莫里茨夺冠，成为第一位也是唯一一位获得花样滑冰金牌的加拿大女性。1948 年，她获得了世界和欧洲冠军以及加拿大国家冠军，被誉为“加拿大的甜心”，曾任 1988 年和 2010 年冬奥会火炬手。

**（二）挪威奥斯陆 1952 年冬奥会**

1952 年，冬奥会回到了现代滑雪的诞生地挪威。本届冬奥会共吸引了 30 个国家和地区的 694 名运动员参加。首次参加的国家有新西兰、葡萄牙等，而战后联邦德国以德国代表团的名义参加。本次比赛共设置了越野滑雪、跳台滑雪、北欧两项、高山滑雪、有舵雪车、速度滑冰、花样滑冰及冰球 4 个大项 8 个分项 22 个小项。

- 会徽

**挪威奥斯陆 1952 年冬奥会会徽**

本届冬奥会会徽从 335 个设计方案中评选胜出，会徽中心为奥运五环和奥斯陆新市政厅的剪影，外侧刻有铭文“第六届冬奥会，奥斯陆 1952”。

- 官方海报

**挪威奥斯陆 1952 年冬奥会海报**

海报中以两个雪杖为旗杆，挪威国旗和奥运会会旗在蓝天中飞舞。

● 奖牌

**挪威奥斯陆 1952 年冬奥会奖牌**

由希腊设计师设计的奖牌正面图案为火炬由奥运五环托起，“更快、更高、更强”字样围绕奖牌。背面刻有“第六届冬奥会，奥斯陆 1952”字样，辅以三片雪花和奥斯陆市政厅的象形图案。

● 火炬

**挪威奥斯陆 1952 年冬奥会火炬**

本届冬奥会火炬为金银两色，圆柱形手柄上方为椭圆形碗，碗上刻有奥运五环、1952 年和“奥斯陆”字样。

卫冕冠军：

在花样滑冰比赛中，美国男子选手理查德·巴顿选择了三周跳，这是从未实现过的技术动作。九位裁判一致给出最高分，这是他继圣莫里茨冬奥会的又一枚金牌。

新技术：

在花样滑冰比赛中，首次使用计算机来计算不同评委对规定动作和自由动作的评分。通过计算机，运动员可以迅速获知比赛成绩。

**（三）意大利科蒂纳丹佩佐 1956 年冬奥会**

第七届冬奥会于 1956 年在意大利北部科蒂纳丹佩佐举行。本届冬奥会共有 33 个国家和地区的 32 个代表团 821 名运动员参加。比赛共设有越野滑雪、跳台滑雪、北欧两项、高山滑雪、有舵雪车、速度滑冰、花样滑冰及冰球 4 个大项 8 个分项 24 个小项。

- 会徽

**意大利科蒂纳丹佩佐 1956 年冬奥会会徽**

本届会徽的造型为一个充满设计感的雪花，中间是奥运五环，一颗五角星是意大利国家奥委会的标志，奥运五环下方为主办城市形象。

- 官方海报

**意大利科蒂纳丹佩佐 1956 年冬奥会海报**

圆形雪花中，奥运五环和一颗星星俯瞰着科蒂纳丹佩佐小镇。雪花周围刻着“1956年第七届科蒂纳丹佩佐冬奥会”字样。

● 奖牌

**意大利科蒂纳丹佩佐 1956 年冬奥会奖牌**

奖牌正面一个理想化的女子头戴奥运五环式的皇冠，火炬出现在奖牌前景中。背面以雪花为中心，周围刻有“更快、更高、更强”和“科蒂纳 1956”字样。

● 火炬

**意大利科蒂纳丹佩佐 1956 年冬奥会火炬**

本届冬奥会火炬沿用了 1948 年伦敦夏奥会和 1956 年墨尔本夏奥会的火炬样式，刻有铭文“科蒂纳丹佩佐”和奥运五环标志。

赛事看点：

奥地利选手托尼·赛勒成为第一位获得三枚奥运金牌的高山滑雪运动员，他分别获得了大回转、回转和速降比赛的冠军。

跨项精英：

尤金尼奥·蒙蒂在与奥地利接壤的意大利边境的托布拉克出生并长大，最初是一名有天赋的滑雪者，在意大利国家锦标赛中获得了高山回旋和超级回旋比赛的冠军。1951 年，尤金尼奥·蒙蒂遭遇严重摔伤，这位 23 岁的年轻人在因双膝损坏被迫告别滑雪后，转而选择雪橇运动。1956 年冬奥会标志着蒙蒂精彩的国际职业生涯的开始。除了未设置雪橇项目的 1960 年斯阔谷冬奥会，他在其他届冬奥会上赢得了七个两人冠军。

在 1964 年因斯布鲁克冬奥会上，英国人托尼·纳什和罗宾·迪克森处于胜利边缘，但最后一轮比赛损坏了螺栓。在提出退出比赛时，蒙蒂给了他们一个螺栓。英国获得了金牌，而蒙蒂和罗曼诺·波纳古拉获得了铜牌。“纳什赢得金牌不是因为我给了他螺栓，他之所以获胜是因为他是最快的。”蒙蒂对新闻界说。令人惊讶的是，在四人制比赛中也出现了类似情况，加拿大人维克·埃默里的雪车同样遇到了严重的机械故障。蒙蒂毫不犹豫派遣了他的机械师来修理北美雪橇，间接地帮助他们获得了冬奥会冠军，而蒙蒂再次获得第三名。为了表彰蒙蒂的体育精神，1964 年他被国际奥委会授予顾拜旦奖章。

1968 年格勒诺布尔冬季奥运会蒙蒂取得了最好的成绩，带领意大利队再次获得金牌。蒙蒂因此成为在冬季奥运会上两次雪橇比赛中获胜的第一人。退役后，这位冬奥会冠军曾负责执掌意大利雪橇队。为彰显其成就，意大利奥林匹克雪橇赛道转弯改用他的名字命名。

**（四）美国斯阔谷 1960 年冬奥会**

1960 年第八届冬奥会于美国西部加利福尼亚州的斯阔谷举办。斯阔谷位于内华达山，是美国著名的滑雪度假区和疗养胜地。本届冬奥会由来自 31 个国家和地区的 30 个代表团 665 名运动员参加，南非国家首次派出代表队参与本次比赛。比赛取消了雪橇项目，共设置了 4 个大项 8 个分项 27 个小项。速度滑冰女子项目和冬季两项首次列入竞赛规程。

本届冬奥会由世界上最著名的漫画家和动画师沃尔特·迪斯尼担任开幕式和闭幕式总监。开幕式于 1960 年 2 月 18 日举行，时任美国副总统里查德·米尔豪斯·尼克松宣布大会开幕，国际奥委会主席布伦戴奇致辞。

- 会徽

本届会徽源自美国国旗 3 种颜色，会徽主体由三角形和奥运五环组成。3 个三角形采用了叠加的设计，3D 技术创造出形似雪花或星星的视觉效果。

**美国斯阔谷 1960 年冬奥会会徽**

● 官方海报

**美国斯阔谷 1960 年冬奥会海报**

在皑皑白雪中，红、黄、蓝三色叠加组成会徽，中心嵌入奥运五环。

● 奖牌

**美国斯阔谷 1960 年冬奥会奖牌**

奖牌正面两个青年男女被“第八届冬奥会”字样包围，象征着美国和全世界青年，奖牌背面刻有奥林匹克格言“更快、更高、更强”和奥运五环。

● 火炬

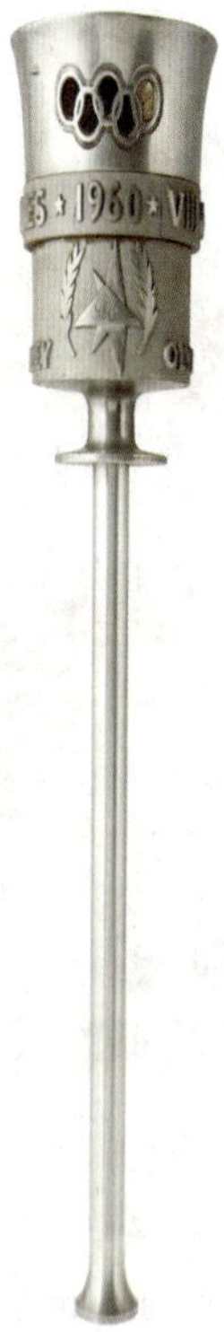

**美国斯阔谷 1960 年冬奥会火炬**

本届冬奥会火炬沿用了 1956 年科蒂纳丹佩佐冬奥会和 1948 年伦敦夏奥会的样式，刻有“1960 斯阔谷冬奥会”字样。

奥运村：

当斯阔谷被选为第八届冬季奥运会赛场时，它仍是一个欠发达的滑雪场。由于冬奥会对住房、餐厅及体育设施的要求，当地修建了冬奥历史上第一个奥运村。奥运村概念多年来一直是夏季奥运会的一部分，但在冬季奥运会中，惯例是将团队容纳在酒店和整个地区的其他住地。此次冬奥会，所有运动员被安置在四个三层楼的宿舍中，距离大多数比赛场地只有五分钟的步行路程。此外，所有运动员在奥运村统一就餐。

军事援助：

1958 年，组委会要求美国第八十五届国会授权国防部对奥运会给予支持。1958 年 4 月 3 日，通过了第 85—365 号公法，授权武装部队允许武装部队人员准备球场和溜冰场，保持雪崩控制并提供通讯，以支持第八届冬季奥林匹克运动会。国防部还被授权借用必要的设备，并向组委会提供其他适当的支持。

第 85—365 号公法通过后，组委会要求国防部代表、时任美国陆军第六军总司令的查尔斯·帕尔默中将提供除雪设备、衣物、被褥、公报和装备，以及 50 名军事人员裁判。1959 年 2 月上旬，大约价值 500 000 美元的各种类型的军事装备和 65 名军事人员抵达斯阔谷。

**（五）奥地利因斯布鲁克 1964 年冬奥会**

1964 年第九届冬奥会在奥地利蒂罗尔州的因斯布鲁克举行。因斯布鲁克是奥地利最早发展滑雪运动的区域，冬奥会后该地区成为奥地利滑雪资源集中的地区。因斯布鲁克冬奥会吸引了来自 37 个国家和地区的代表团参加。第一次参加比赛的国家和地区有印度、蒙古和朝鲜民主主义人民共和国。比赛项目新增了无舵雪橇项目，比赛项目增加至 6 个大项 10 个分项 34 个小项。超过 100 万名观众观看了本届冬奥会的比赛。

- 会徽

**奥地利因斯布鲁克 1964 年冬奥会会徽**

本届冬奥会会徽的主体为因斯布鲁克的因河大桥和奥运五环，象征着来自不同国家的年轻运动员的友谊和团聚。

- 官方海报

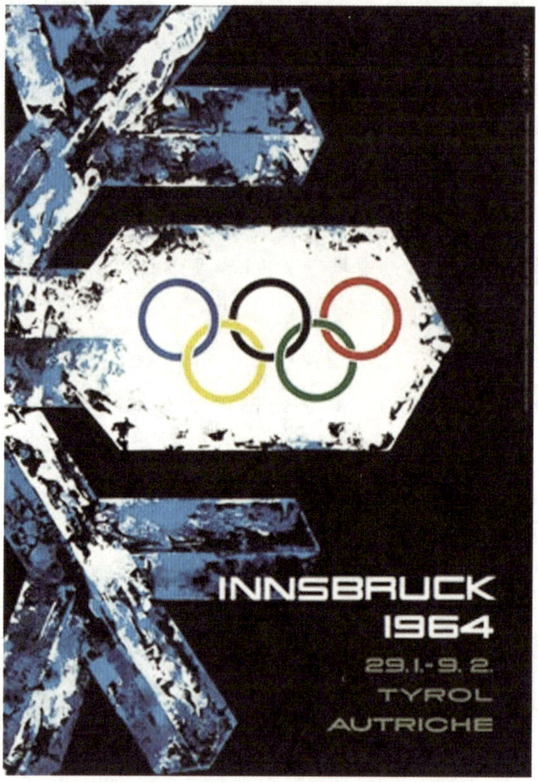


**奥地利因斯布鲁克 1964 年冬奥会海报**

海报黑色背景中半片雪花掉落，雪花一角的奥运标志光彩夺目。

- 奖牌

**奥地利因斯布鲁克 1964 年冬奥会奖牌**

奖牌正面以阿尔卑斯山为主体，上端刻有“1964 因斯布鲁克”字样。奖牌背面因斯布鲁克市徽与奥运五环相连，并题有“IX-OLYMPISCHE WINTERSPIELE”（第九届冬季奥林匹克运动会）的铭文。

● 火炬

**奥地利因斯布鲁克 1964 年冬奥会火炬**

火炬由锥形手柄及顶端的碗组成，刻有“1964 因斯布鲁克第九届冬奥会”字样。

少雪的冬天：

冬奥会相比夏奥会更加依靠自然环境，因此，冬奥会的举办存在更多的不确定性。因斯布鲁克冬奥会举办之际，组织者就面临严重少雪的情况。为此，奥地利军队从山上清除 20 000 块冰，将其运输到无舵雪车和雪车滑道。同时将 40 000 立方米的雪运输到高山滑雪场，并留下 20 000 立方米的备用雪。

人造冰的应用：

在本届冬奥会，首次建造了使用人造冰的雪橇赛道，使雪橇运行状况变得更加可控，减少了比赛中存在的风险。

**（六）法国格勒诺布尔 1968 年冬奥会**

1968 年第十届冬奥会在法国东部伊泽尔省的格勒诺布尔举办。来自 37 个国家和地区的 1 158 名运动员参加了此次比赛。本届比赛共设有速度滑冰、花样滑冰、冰球、越野滑雪、跳台滑雪、北欧两项、高山滑雪、冬季两项、有舵雪车、无舵雪橇 6 个大项

10 个分项 35 个小项。其中，冬季两项 4×7.5 公里接力赛第一次被列入冬奥会。

● 会徽

**法国格勒诺布尔 1968 年冬奥会会徽**

会徽主体为一枚六角冰晶镶嵌于三朵红玫瑰之中，与单色的五环标志一起，象征着举办城市格勒诺布尔。

● 官方海报

**法国格勒诺布尔 1968 年冬奥会海报**

五环标志沿着雪道飞驰而下，海报底端详细写明了冬奥会举办的时间和地点。

● 奖牌

法国格勒诺布尔 1968 年冬奥会奖牌

奖牌正面为“1968 格勒诺布尔第十届冬奥会”字样。背面采用的方法是将照片转印至酸浸渍的钢上，底部刻有不同冬季运动项目名称。

● 吉祥物

法国格勒诺布尔 1968 年冬奥会吉祥物：SCHUSS（舒斯，非正式吉祥物）

● 火炬

法国格勒诺布尔 1968 年冬奥会火炬

本届冬奥会的火炬为铜制火炬，配有狭长的燃烧室，顶端为锯齿状，手柄部分以红布遮盖，刻有“1968 格勒诺布尔”字样。

**（七）日本札幌 1972 年冬奥会**

1972 年第十一届冬奥会在日本札幌举办，这是冬奥会第一次由亚洲国家举办。1935 年札幌曾向国际奥委会提出申办 1940 年冬奥会的报告，直到 1960 年再次提出申请才获得成功。来自 35 个国家和地区的 1 006 名运动员参加了本届冬奥会。比赛项目设置与上一届保持一致，共有 6 个大项 10 个分项 35 个小项。1972 年 2 月 3 日，第十一届冬奥会的开幕式在札幌森林公园内的真驹内室外体育场举行，日本天皇裕仁宣布冬奥会开幕，来自世界各地的 5 万多名观众观看了开幕式。

本届比赛共有 14 个国家和地区的代表团获得了金牌。首次获得冬奥会金牌的国家除了西班牙以外，还有日本和波兰。日本运动员借助主场优势，在 K70 跳台滑雪比赛中包揽了金、银、铜三块奖牌。

- 会徽

**日本札幌 1972 年冬奥会会徽**

本届会徽由 3 个独立元素组成：一轮冉冉升起的太阳象征着日本；一片雪花代表了一个古代日本家族的徽章，也代表了冬奥会；奥运五环和举办地“札幌”。

● 官方海报

日本札幌 1972 年冬奥会海报

海报由日本设计师长井一夫设计而成，会徽由朝阳、六角雪花和奥运五环三大独立元素构成。“第十一届冬奥会”字样从海报中间隔开，下方是皑皑白雪和椭圆形的札幌冰场。

● 奖牌

日本札幌 1972 年冬奥会奖牌

奖牌正面，一些浮雕线条表现了柔软的、羽毛般的雪和尖锐的冰，象征和平与宁静。背面刻有“第十一届札幌冬奥会”的铭文。

● 火炬

日本札幌 1972 年冬奥会火炬

本届冬奥会火炬采用通体黑色设计，圆柱形燃烧管配有管状手柄，碗形设计与奥运火炬塔呼应。刻有铭文“1972 札幌”。

**（八）奥地利因斯布鲁克 1976 年冬奥会**

1976 年，奥地利因斯布鲁克时隔 12 年再次举办了冬奥会。本次冬奥会原定在美国南部科罗拉多州的丹佛市举办，但是当地民众以破坏资源为由坚决抵制此次冬奥会。在此情况下，丹佛冬奥会组委会被迫向国际奥委会提交了取消举办冬奥会的报告。国际奥委会主席吉拉宁在收到报告后向各国奥委会发函征求举办国家和地区。1973 年 2 月，国际奥委会最终确定由因斯布鲁克代替丹佛举办第十二届冬奥会。

本届冬奥会共有来自 37 个国家和地区的 1 123 名运动员参赛，第一次参加冬奥会的国家有安道尔和圣马力诺。比赛保持了 6 个大项 10 个分项的设置，在花样滑冰和速度滑冰项目上增加了冰上舞蹈和男子 1 000 米速滑。本届冬奥会上，苏联、民主德国、美国位居奖牌榜前三，其中苏联以 13 枚金牌位居榜首。

● 会徽

奥地利因斯布鲁克 1976 年冬奥会会徽

本届会徽整体造型同 1964 年第九届冬奥会会徽基本一致，因斯布鲁克的会徽源自因河大桥，因斯布鲁克这个城市的名字也来源于这座桥。会徽中的大桥和五环寓意是为不同国家和地区的运动员搭建了平台，成为再次相聚因斯布鲁克的纽带。

● 官方海报

**奥地利因斯布鲁克 1976 年冬奥会海报**

海报中白色线条形似英文字母“I”，是所有冰上运动（Ice sports）的首字母，同时也是因斯布鲁克英文首字母。其形象也可视为滑冰刀、雪车道或滑雪跳台的形状。右后方彩色的蒂罗尔山加以点缀。

● 奖牌

**奥地利因斯布鲁克 1976 年冬奥会奖牌**

奖牌中奥运五环标志下衬托出因河上的栈桥，因斯布鲁克因栈桥得名。几个世纪来，这座桥一直是旧城区与霍廷地区之间的纽带，它象征着友谊与团结。

• 吉祥物

**奥地利因斯布鲁克 1976 年冬奥会吉祥物：SCHNEEMANN（诗尼曼）**

SCHNEEMANN 在德语中是雪人的意思。SCHNEEMANN 戴着蒂罗尔地区的红色传统帽子，代表奥地利蒂罗尔地区第二次举办冬奥会。

• 火炬

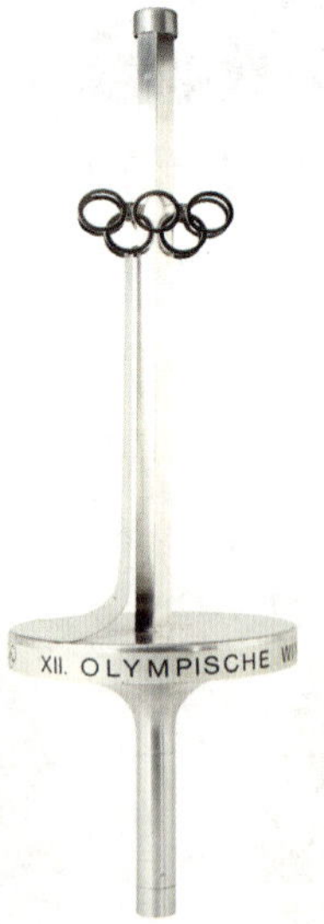


**奥地利因斯布鲁克 1976 年冬奥会火炬**

火炬的上部是六边形的，装饰有镂空的奥林匹克五环标志，标志下方连接的一个金属条代表滑雪中的跳跃场地。中心部分刻有铭文“1976 因斯布鲁克第十二届冬奥会”。

**（九）美国普莱西德湖 1980 年冬奥会**

1980 年冬奥会再次来到普莱西德湖，美国普莱西德湖成为与瑞士圣莫里茨、奥地利因斯布鲁克具有两次申办经历的地区。共有来自 37 个国家和地区的 1 072 名运动员参加了本届冬奥会，比赛共设置了 6 个大项 10 个分项，奖牌数 114 枚。

普莱西德湖所在艾塞克斯郡在 20 世纪 70 年代末遭遇经济危机，主办方希望借助冬奥会重振区域经济。1980 年冬奥会在 1932 年冬奥会基础上改善了雪车场馆，并扩大了越野滑雪雪道，修缮了 90 米高和 129 米的滑雪跳台。苏联、民主德国和美国仍作为冬季项目强国位居奖牌榜前三。

- 会徽

**美国普莱西德湖 1980 年冬奥会会徽**

会徽中右侧的山形符号表示奥运会举办区域周围的群山，左侧是由古希腊建筑爱奥尼亚式石柱变形的垂直线，垂线的顶端锯齿象征着两个奥运火炬塔，以纪念 1932 年普莱西德湖冬奥会。

- 官方海报

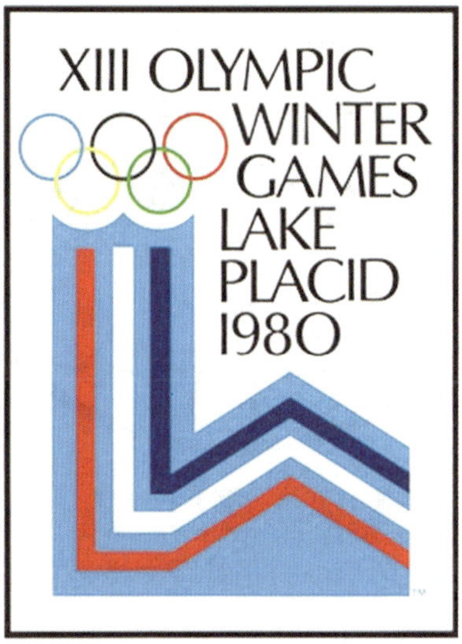


**美国普莱西德湖 1980 年冬奥会海报**

海报以美国国旗为主色，线条描绘出普莱西德湖周围的山脉和两个奥运会火炬塔，代表了 1932 年和 1980 年两届冬奥会的举办。

● 奖牌

**美国普莱西德湖城 1980 年冬奥会奖牌**

奖牌正面，一只手高举火炬托起背后山脉，“第十三届冬奥会”字样和奥运五环位于火炬两侧。奖牌背面由一根松枝、松果、会徽及“1980 普莱西德湖”字样组成。

● 吉祥物

**美国普莱西德湖 1980 年冬奥会吉祥物：RONI（罗尼）**

吉祥物名字罗尼由普莱西德湖学校的儿童所选择，它来源于纽约州普莱西德湖地区原住民的语言。

● 火炬

美国普莱西德湖 1980 年冬奥会火炬

本届冬奥会火炬为青铜色，火炬整体采用现代技术并参考了古希腊火炬的设计。火炬手柄为皮质设计，顶部为碗状并镶嵌了银环。

**（十）南斯拉夫萨拉热窝 1984 年冬奥会**

第十四届冬奥会于 1984 年 2 月 8 日—19 日在南斯拉夫萨拉热窝举办。萨拉热窝地处迪纳拉山脉谷底，四面环山，积雪长达 6 个月。为筹备本届冬奥会，南斯拉夫先后修建 2 个体育运动中心，5 处滑雪场、雪橇馆及 2 个奥运村，共耗资 1.5 亿美元。为防备雪量不足，还专门设计了雪炮进行人工造雪。

本届冬奥会共设置了速度滑冰、花样滑冰、冰球、越野滑雪、北欧两项、跳台滑雪、高山滑雪、冬季两项、有舵雪车、无舵雪橇 6 个大项 10 个分项，越野滑雪增加了女子 20 公里这一小项。共有来自 49 个国家和地区的 1 272 名运动员参加了此次比赛。

本届冬奥会三强仍被苏联、民主德国和美国包揽，其中民主德国居首位，苏联位居第二，美国位居第三。历时 12 天的比赛共产生了 39 项冠军，共有来自 21 个国家和地区的 222 名运动员获得奖牌。

● 会徽

南斯拉夫萨拉热窝 1984 年冬奥会会徽

本届奥运会的会徽是一朵具有萨拉热窝地区刺绣风格的雪花。上方为奥运五环，下方有“萨拉热窝 84”字样。

● 官方海报

南斯拉夫萨拉热窝 1984 年冬奥会海报

海报以独特的红色雪花为主体，上端和底部分别出现了五环、举办城市和日期。

● 奖牌

南斯拉夫萨拉热窝 1984 年冬奥会奖牌

奖牌正面是奥运五环和雪花图案，背面是一位戴着奥运桂冠的运动员。

● 吉祥物

南斯拉夫萨拉热窝 1984 年冬奥会吉祥物：VUCKO（瓦酷）

吉祥物取自阿尔卑斯山区的森林狼形象，吉祥物通过微笑、严肃等表情，一改凶猛的印象，传递出人与动物之间的友谊。

- 火炬

**南斯拉夫萨拉热窝 1984 年冬奥会火炬**

本届冬奥会的火炬金银相间，手柄处采用平台设计，刻有铭文“萨拉热窝 84”，燃烧管上刻有本届冬奥会会徽。

**（十一）加拿大卡尔加里 1988 年冬奥会**

1988 年 2 月 13 日—28 日第十五届冬奥会在加拿大卡尔加里举行。卡尔加里位于加拿大阿尔伯塔省南部，是著名的冬季运动中心。卡尔加里曾经是繁荣的石油城市，冬奥会的举办成为了该城冬季旅游发展的转折点。

本届冬奥会共有来自 57 个国家和地区的 1 432 名运动员参赛。美属萨摩亚、牙买加、斐济、危地马拉等第一次派出了代表队。本届冬奥会增加了北欧两项团体、跳台滑雪团体、高山滑雪男女全能、男女超大回转以及速度滑冰女子 5 000 米 7 个小项，项目总数增加至 46 个小项。

本次速度滑冰在“马鞍”体育馆进行，这是冬奥会历史上第一次在全封闭的室内场馆进行。由于场馆设施水平的改善，自然环境的阻力减少，运动员们创造了超越以往的成就。据统计，82 人 148 次打破 9 项冬奥会纪录，100 余名运动员 300 余次打破了国家和地区纪录。

随着冬奥会的举办，越来越多的国家开始接触冰雪运动，很多国家和地区参赛水平进一步提高。本届冬奥会上，瑞士超越了奖牌霸主美国跃居金牌榜第三名，苏联和民主德国分别位居第一和第二。

● 会徽

Calgary '88

**加拿大卡尔加里 1988 年冬奥会会徽**

本届冬奥会的徽章主体是一片雪花或是一个抽象的枫叶。图案由多个字母“C”组成，代表着加拿大（Canada）和卡尔加里（Calgary）。

● 官方海报

**加拿大卡尔加里 1988 年冬奥会海报**

海报展现了在落基山脚下的卡尔加里市，中心是本届冬奥会会徽。

● 奖牌

**加拿大卡尔加里 1988 年冬奥会奖牌**

奖牌正面刻有“第十五届冬奥会，1988 卡尔加里”的铭文，背面是一个头戴桂冠的运动员和一个印第安人，雪板、雪橇、步枪、雪杖等元素组成了印第安人的头饰。

● 吉祥物

**加拿大卡尔加里 1988 年冬奥会吉祥物：Hidy and Howdy（海迪和好迪）**

海迪和好迪这两个吉祥物表现了卡尔加里的热情好客。Hidy 是英语“Hi”的扩展，Howdy 来自美国西部的问候语“How do you do”。

● 火炬

**加拿大卡尔加里 1988 年冬奥会火炬**

本届冬奥会火炬设计灵感来自卡尔加里塔。火炬主体刻有 10 个项目图标、奥林匹克格言及“1988 年第十五届卡尔加里冬奥会”字样。

**（十二）法国阿尔贝维尔 1992 年冬奥会**

1992 年，冬奥会再次在法国举办，这是继 1924 年夏慕尼冬奥会、1968 年格勒诺布尔冬奥会后法国第三次获得举办权。阿尔贝维尔位于法国东部萨瓦省的山区、勃朗峰的西南部，法国众多著名的滑雪场聚集于此。

本届冬奥会共有 64 个国家和地区的 1 801 名运动员参赛。随着冬奥会的影响力扩大，冬季项目形式逐步增加。本届冬奥会新增了冬季两项 3 个小项、越野滑雪 2 个小项、自由式滑雪雪上技巧、短道速滑 4 个小项，冰壶以表演项目重返冬奥会，自由式滑雪空中技巧、速度滑雪列入表演项目。比赛项目增加至 12 个分项 57 个小项。

本次比赛进行了电视实况转播，全球共有 8 亿人通过电视观看了比赛。参赛工作人员达 4.2 万余人，赛会共耗资 40 亿法郎。

随着国际局势的改变，德国的统一增强了国家冰雪运动的实力，德国跃居金牌榜首位，解体后的独联体位居第二。挪威在本届比赛位居第三，重返冰雪强国行列。此次比赛有 14 个国家和地区获得金牌，20 个国家和地区获得奖牌。

- 会徽

**法国阿尔贝维尔 1992 年冬奥会会徽**

本届冬奥会会徽由代表萨瓦地区颜色的奥运圣火构成，凸显了阿尔贝维尔冬奥会“山地、现代性与体育运动”三大特点。

● 官方海报

法国阿尔贝维尔 1992 年冬奥会海报

海报由最简洁明快的线条表现出蓝天、雪山、太阳和奥运五环等元素。

● 奖牌

法国阿尔贝维尔 1992 年冬奥会奖牌

奖牌正面层次分明，以山谷为背景凸显了奥运五环图案，上端以月桂枝装饰。奖牌背面线条象征着群山。

● 吉祥物

法国阿尔贝维尔 1992 年冬奥会吉祥物：奇迹

奇迹，是一个星星形状的精灵，这是自 1976 年因斯布鲁克冬奥会以来第一个不以动物形象为设计的吉祥物，象征着梦想与想象，主体颜色源于法国国旗。

● 火炬

法国阿尔贝维尔 1992 年冬奥会火炬

本届冬奥会的火炬为银色，火炬上刻有铭文“第十六届阿尔贝维尔冬奥会 1992”和奥运五环标志。

## 四、冬奥会的成熟阶段（1994—2018）

1994 年，第十七届冬奥会在挪威利勒哈默尔举办。这是冬奥会历史上首次冬奥会与夏奥会分开举办的冬奥会，代表着冬奥会的发展已经进入了一种具有独立文化形态的历史阶段。因此，将第十七届挪威利勒哈默尔冬奥会到第二十三届韩国平昌冬奥会的历史阶段称为冬奥会的成熟阶段。

### （一）挪威利勒哈默尔 1994 年冬奥会

1994 年冬奥会在冰雪运动强国挪威举办。利勒哈默尔位于奥斯陆以北 171 公里，地处北纬 60.08 度，因而这届冬奥会是冬奥会历史上纬度最高、气温最低的一次赛会。利勒哈默尔冬奥会是冬奥会发展的转折点，自此以后冬季、夏季奥运会分开举办，冬奥会与夏奥会之间相隔 2 年。

有 67 个国家和地区的 1 739 名运动员参加比赛，比赛共设置 6 个大项 12 个分项 61 个小项。数亿人通过电视转播观看了此次比赛，参赛国家和地区及参赛人数是有史以来最高的。

本届冬奥会俄罗斯以 11 金 8 银 4 铜的成绩位居金牌榜首，挪威和德国分别以 10 金 11 银 5 铜、9 金 7 银 8 铜的成绩位居金牌榜第二、第三。

- 会徽

**挪威利勒哈默尔 1994 年冬奥会会徽**

本届冬奥会会徽的设计灵感来源于大自然、天空和白雪。由于挪威的地理位置，极光是地区常见的自然现象。极光与运动场上的力量、精彩与张力相联系。

- 官方海报

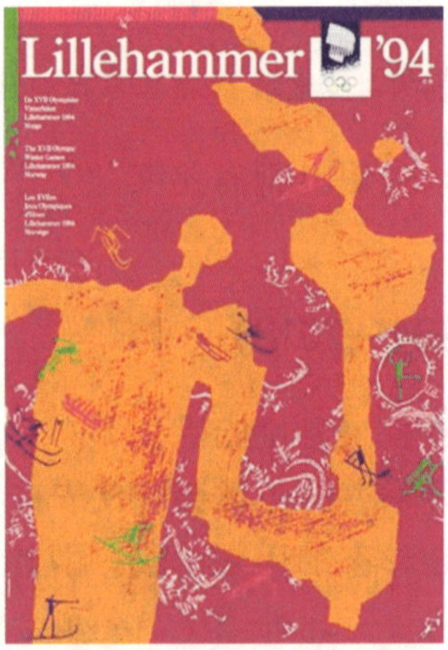


**挪威利勒哈默尔 1994 年冬奥会海报**

海报设计灵感来自挪威数千年前的洞穴石刻。火炬接力的象形图案代表了拿着火炬的奔跑者。多个其他的象形图案表现出体育盛会，白色数字反映出人民的盛会。

● 奖牌

**挪威利勒哈默尔 1994 年冬奥会奖牌**

奖牌设计者希望设计出一款“幽默、严肃又易于识别的奖牌”，挪威的元素贯穿始终，以挪威的花岗岩和斯巴达石作为基础材料。

● 吉祥物

**挪威利勒哈默尔 1994 年冬奥会吉祥物：HAAKON AND KRISTIN（哈康和克里斯汀）**

本届吉祥物来自 13 世纪挪威利勒哈默尔地区的历史人物，HAAKON 是挪威 1217—1263 年的国王，KRISTIN 是他的姑姑。

- 火炬

挪威利勒哈默尔 1994 年冬奥会火炬

火炬上刻有铭文“第十七届利勒哈默尔冬奥会 1994”和本届冬奥会的会徽。火炬的上部是铝制的烟火系统，下部铜质部分刻有运动项目的象形图案。

**（二）日本长野 1998 年冬奥会**

1998 年冬奥会再次在日本举办，这是继 1972 年札幌冬奥会后亚洲国家第二次举办冬奥会。长野是日本开展滑雪运动和开发滑雪场地的先驱。早在 1912 年，长野就修建了日本第一座滑雪场，而且，长野的滑雪场和缆车的数量居日本首位。

来自 72 个国家和地区的 2 176 名运动员参加了此次比赛，比赛新增冰壶、单板滑雪和女子冰球，比赛项目增加至 7 个大项 14 个分项 68 个小项。

本届冬奥会德国队以 12 金 9 银 8 铜的成绩夺得冠军，挪威队和俄罗斯队分列二、三位。随着项目内容的增加，传统国家的绝对优势地位被逐步打破。加拿大、美国等北美国家开始在奖牌榜脱颖而出，位居第四、第五，成为传统优势国家的劲敌。

- 会徽

日本长野 1998 年冬奥会会徽

本届会徽的主体为一个花朵的造型，它的每一片花瓣都代表正在进行冰雪项目训练的运动员，也可看作雪花象征着冬奥会。

● 官方海报

日本长野 1998 年冬奥会海报

一只西伯利亚的画眉鸟迁徙到日本过冬，栖息在滑雪杆上。山中黎明破晓反映出与自然相处的渴望。

● 奖牌

日本长野 1998 年冬奥会奖牌

奖牌正面由橄榄枝托起正在升起的太阳，景泰蓝会徽和奥运五环标志镶嵌其中。

● 吉祥物

日本长野 1998 年冬奥会吉祥物：SUKKI，NOKKI，
LEKKI AND TSUKKI（寸喜、能城、家喜和部木）

组委会分别给这四只吉祥物起名为寸喜、能城、家喜和部木。这四个名字的日文正好可以拼读出“snowlets”，“snow”（雪）让人联想起冬天，“lets”代表英语中“let’s”，邀请大家参与冬奥盛会。

● 火炬

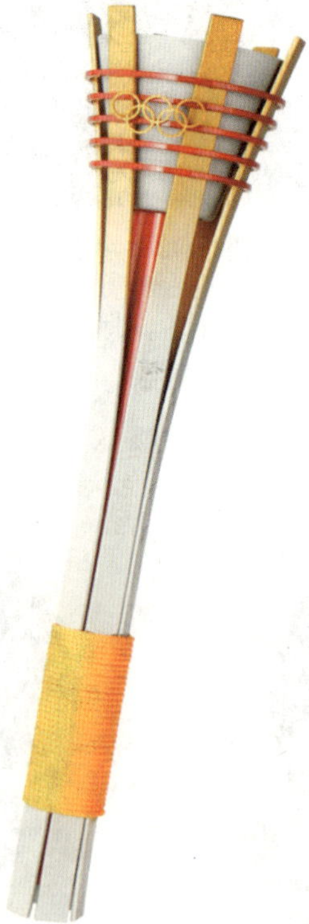

日本长野 1998 年冬奥会火炬

本届冬奥会火炬为红、银和金三色相间设计而成，火炬上端刻有奥运五环和奥运会会徽。六棱形代表雪晶，银色则是被白雪覆盖的景观，黄绳参考了日本的传统元素。

### （三）美国盐湖城 2002 年冬奥会

2002 年冬奥会再次在美国举办，这是美国继 1932 年普莱西德湖冬奥会、1980 年普莱西德湖冬奥会之后第三次举办冬奥会。盐湖城位于美国犹他州，地处科迪勒拉山系东部，雪资源丰富，是美国滑雪场地分布较集中的区域。

本届比赛速度滑冰项目新增了 2 个小项、冬季两项增加了 2 个小项、越野滑雪增加了 2 小项、北欧两项增加了 1 个小项、有舵雪橇增加了 3 个小项，小项数量增加至 78 个。本次比赛参赛国家和地区总数达到 77 个，参赛运动员增加到 2 399 名。

本届冬奥会通过奥运赞助获得了 8.6 亿美元收入，是 1980 年普莱西德湖冬奥会 3 000 万美元收入的 28 倍多。同时，此次比赛也是耗资昂贵的一次赛会，共花费 16.36 亿美元。这些投入主要应用于修建冬奥场馆及各项筹备工作。本届冬奥会挪威队以 13 金的成绩位居金牌榜首，德国队以 12 金紧随其后，美国队以 10 金的成绩位居第三。

- 会徽

美国盐湖城 2002 年冬奥会会徽

本届冬奥会的会徽主体由黄色、橘色和蓝色三色雪花组成，这几种颜色主要来自犹他州自然环境。这些图形想表达三重含义：差异、文化和勇气。这一主体反映了犹他州丰富的自然资源与文化遗产，也是奥运精神所在。

● 官方海报

美国盐湖城 2002 年冬奥会海报

海报以盐湖城冬奥会会徽为主体，配有法语和英语两种语言注明的冬奥会举办日期和举办地。

● 奖牌

美国盐湖城 2002 年冬奥会奖牌

奖牌正面，一名火炬手从烈火中走来，代表了不畏艰难、勇往直前的精神。在冰雪和岩石堆砌的大山中，奥运五环标志象征着运动员的形象，“点燃内心的火焰”的奥运宣言第一次出现在奖牌上。奖牌背面，希腊胜利女神耐克手持一片胜利之叶，怀抱当中展示了冬奥会上不同的冬季项目。

● 吉祥物

**美国盐湖城 2002 年冬奥会吉祥物：POWDER，COPPER，COAL**

本届冬奥会吉祥物雪兔 Powder、北美草原小狼 Copper 和美洲黑熊 Coal 代表了犹他州的自然资源，同时也表达了奥林匹克格言“更快、更高、更强”。

● 火炬

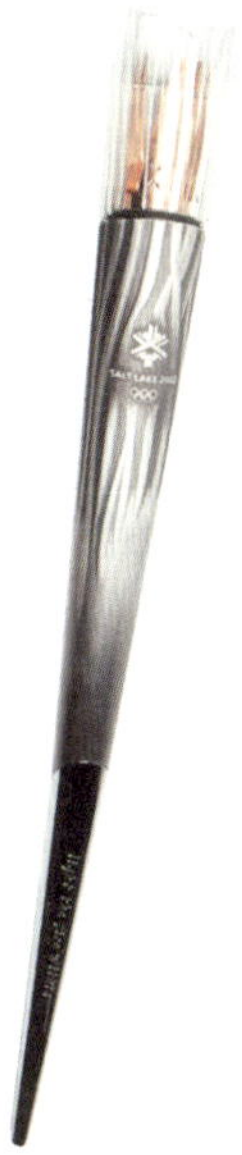

**美国盐湖城 2002 年冬奥会火炬**

本届冬奥会火炬形状类似钟乳石，顶端玻璃设计象征着冬季运动，银色代表了美国西部自然景观。火炬表面从中部向底部不同的花纹，代表了从过去到现代。手柄下端玻璃冠刻有“点燃心中之火”。火炬上玻璃、老银和亮银也具有不同含义，分别代表了西方和流水、心跳和速度、火和激情，整体设计寓意为犹他州历史。

**（四）意大利都灵 2006 年冬奥会**

时隔 50 年，2006 年冬奥会再次在意大利举办。

在本届冬奥会中，共有来自 80 个国家和地区的 2 508 名运动员参赛，其中女运动员

960 名、男运动员 1 548 名。阿尔巴尼亚、马达加斯加、埃塞俄比亚第一次派代表团参加了冬奥会。此外，有 26 个国家获得了冬奥会奖牌。

本届冬奥会的项目设置较上届冬奥会相比数量上有所增加，部分项目有所改变。其中新增了冬季两项集体出发、越野滑雪团体短距离、单板滑雪和速度滑冰男子团体追逐 4 个项目，项目总数变为 7 个大项 15 个分项 84 个小项。本届冬奥会上，德国、美国、奥地利分别位居奖牌榜前三名，其中德国获 11 块金牌，美国和奥地利各获 9 块金牌。

● 会徽

**意大利都灵 2006 年冬奥会会徽**

2006 年冬奥会会徽描绘了都灵安托内利尖塔的剪影。这一剪影将安托内利尖塔抽象成蓝天下冰晶覆盖的雪山，也形成了人与人在奥林匹克精神指引下共同编织的大网。

● 官方海报

**意大利都灵 2006 年冬奥会海报**

海报以都灵特色的安托内利穹状设计为基础，7 种颜色组成的圆顶像一条向下倾斜的雪道，代表了奥运人文价值、体育运动和主办城市。

- 奖牌

**意大利都灵 2006 年冬奥会奖牌**

圆形奖牌象征着奥运五环，当运动员佩戴奖牌时，空心区域恰好在心脏附近，象征了充沛的生命力。

- 吉祥物

**意大利都灵 2006 年冬奥会吉祥物：NEVE（内韦）和 GLIZ（格利兹）**

吉祥物内韦（NEVE）的形象是一个雪球，格利兹（GLIZ）的形象是一个冰块，代表了冰与雪是冬奥会中不可缺少的元素。

● 火炬

**意大利都灵 2006 年冬奥会火炬**

火炬外表运用了覆盖隔热涂料的铝材，内部则是高科技的钢铜合金。火炬形似雪板尖和都灵地标安托内利尖塔。

**（五）加拿大温哥华 2010 年冬奥会**

本届奥运会的开幕式于 2010 年 2 月 12 日在温哥华卑诗体育馆举行，这是奥运会史上首次在室内举行开幕式。本届冬奥会共有来自 82 个国家和地区的 2 566 名运动员参赛。比赛增加了自由式滑雪的男、女越野项目，小项数量增加至 86 个，仍保持 7 个大项 15 个分项设置。

东道主加拿大以 14 金 7 银 5 铜位居金牌榜首，德国、美国分别以 10 金和 9 金的成绩位居第二和第三。韩国在速度滑冰项目中的优异表现，使其突破欧美国家的垄断地位，闯入金牌榜前五。

● 会徽

**加拿大温哥华 2010 年冬奥会会徽**

会徽（伊拉纳克）为五块矩形组成的张开双臂的抽象人形，下方是“温哥华 2010”字样和奥运五环。伊拉纳克在因纽特语中意为“朋友”，其主体形象的设计灵感来源于加拿大北部地区土著民族因纽特人的巨型石刻。

● 官方海报

**加拿大温哥华 2010 年冬奥会海报**

海报为白色背景，冷色调的枫叶以动植物和城市景观作装饰，形成了冰雪主题的视觉效果。

● 奖牌

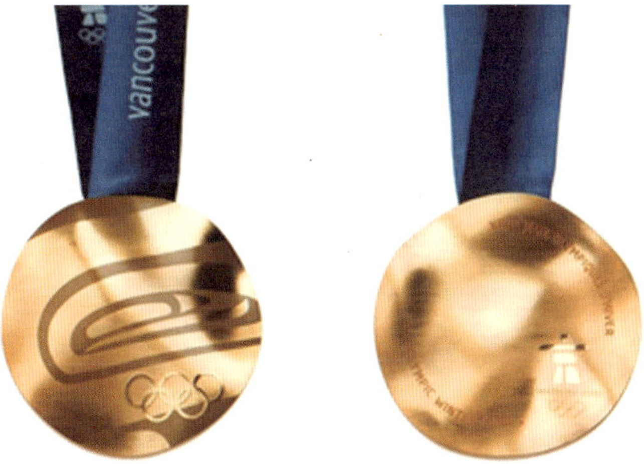


**加拿大温哥华 2010 年冬奥会奖牌**

奖牌使用激光制作附以纹理样式和土著图案，背面印有英、法两种语言的项目名称和冬奥会会徽。

- 吉祥物

**加拿大温哥华 2010 年冬奥会吉祥物：Quatchi（魁特奇）和 Miga（米加）**

两个吉祥物分别是魁特奇（Quatchi）和米加（Miga），创作灵感均来源于加拿大西海岸原住民关于动物的神话传说。魁特奇是传说中有名的森林怪兽，米加是逆戟鲸与白灵熊的化身，白灵熊只居住在不列颠哥伦比亚。

- 火炬

**加拿大温哥华 2010 年冬奥会火炬**

本届冬奥会火炬的流线型设计源于在雪中和冰上滑行的划痕，形状类似加拿大国土形状及火炬传递路线。火炬的大尺寸则反映了加拿大领土的浩瀚。

**（六）俄罗斯索契 2014 年冬奥会**

本届冬奥会共有来自 88 个国家和地区的 2 856 名运动员参赛。首次参加冬奥会的国家有马耳他、巴拉圭、东帝汶、多哥、汤加和津巴布韦。有 28 个国家和地区的运动员赢得了本届冬奥会的奖牌。

本届冬奥会共设 7 个大项 15 个分项 98 个小项，较上届冬奥会相比略有变化。其中分项上仍为 15 项，但新增了 12 个小项，分别为花样滑冰团体赛、雪橇团体接力、冬季两项混合接力、女子跳台滑雪、单板滑雪男女坡面障碍技巧、单板滑雪男女平行回转、自由式滑雪男女双板 U 形槽以及自由式滑雪男女坡面障碍技巧。

- 会徽

**俄罗斯索契 2014 年冬奥会会徽**

索契冬奥会会徽设计凸显了简洁和现代这一理念，这是首次采用印刷体字母代替图像作为会徽。

- 官方海报

**俄罗斯索契 2014 年冬奥会海报**

蓝天、雪山、海水构成了俄罗斯索契 2014 年冬奥会海报的主画面。大高加索山脉的雪山挡住了北方的寒冷空气，给地处黑海沿岸的索契带来了温暖的海流。阳光透过夏日般的蓝天照射在雪山和黑海海面，“sochi”用奥运五环向世人敞开怀抱：来索契滑雪，来黑海游泳吧！

● 奖牌

俄罗斯索契 2014 年冬奥会奖牌

第二十二届冬奥会的奖牌采用了镂空设计，体现了极强的俄罗斯民族风格。在奖牌上我们能看到索契的地标正沐浴在阳光下，阳光正透过雪山的山峰照在黑海海岸的沙滩上。

● 吉祥物

俄罗斯索契 2014 年冬奥会吉祥物：雪豹、兔子和北极熊

索契冬奥会吉祥物采用全国征集办法，组委会获得了近 2.4 万份创意。吉祥物由民意投票选出。

● 火炬

俄罗斯索契 2014 年冬奥会火炬

火炬的整体形状像凤凰的羽毛，火鸟的颜色在俄罗斯民间传说中会带来运气和财富，红色也呼应了俄罗斯队的制服颜色。

**（七）韩国平昌 2018 年冬奥会**

第二十三届冬奥会于 2018 年 2 月 9 日至 25 日在韩国平昌举办，这是继 1972 年札幌冬奥会和 1988 年长野冬奥会之后第三次在亚洲举办冬奥会。此次比赛共 7 个大项 15 个分项 102 个小项。

- 会徽

PyeongChang 2018™

**韩国平昌 2018 年冬奥会会徽**

本届冬奥会会徽设计源于朝鲜语，形状由“平昌”每一个音节的第一个辅音组成。第一个字象征着天人合一、天地合一的理念，第二个字象征着冰雪和运动员们精彩的表现。会徽形似一个广场，吸引来自世界各地的人们庆祝最大规模的冬季盛会。

- 官方海报

**韩国平昌 2018 年冬奥会海报**

本届冬奥会海报印有冬奥会会徽，灵感来自韩语。五种韩国传统颜色与奥运五环相呼应。主题口号“passion，connected”（激情同在）的字母与“平昌”首字母呼应，字母组合反映了本届冬奥组委会的目标：开辟冬奥会与冬季运动的新视野。

● 奖牌

**韩国平昌 2018 年冬奥会奖牌**

平昌冬奥会奖牌重量从金牌的 586 克到铜牌 493 克不等，反映了东道主的传统文化。奖牌设计灵感源于树干的质感，奖牌正面刻有五环标志，采用对角斜线填充，体现了奥运会的历史和运动员的竞赛决心。奖牌背面刻有冬奥会不同的比赛小项。

● 吉祥物

**韩国平昌 2018 年冬奥会吉祥物：Soohorang**

平昌冬奥会的吉祥物是白老虎，在韩国，白老虎被视为神圣的守护神。

“Soohorang”由多个韩语词组合而成，“Sooho”意为“保护”，保护所有的运动员、观众及所有参赛者；“Rang”是韩语词汇“ho-rang-i”（老虎）的中间词，也是“Jeong-seon A-ri-rang”传统民谣阿里郎的最后一个词，象征着冬奥会举办地江原道。

● 火炬

韩国平昌 2018 年冬奥会火炬

本届冬奥会火炬长约 700 毫米，代表了平昌 700 米的海拔。五叉形的设计代表了种族、民族、宗教、性别、文化五大元素，也寓意着将五大洲联系在一起的奥运梦想。

## 本章要点

1. 冬季冰雪运动源自北欧居民的生产、生活、狩猎等社会活动，它是在当地居民的劳动过程中演化而来的。

2. 随着冬季冰雪运动的发展，冬季冰雪运动联合会等体育组织对冰雪运动的普及起到了重要的作用。

3. 冬季冰雪运动能够融入国际奥林匹克大家庭，并不断得到普及和发展，与该类运动独特的魅力和文化息息相关。

4. 冬奥会的发展历程表明，不断融入的民族文化元素与奥林匹克文化相互融合是冬奥会发展的文化基因。

5. 冬奥会的发展滞后于夏奥会，早期的冬奥会与夏奥会共同举办，1994 年开始，冬奥会与夏奥会分开举办，相间 2 年。冬奥会的举办周期为 4 年。

6. 每一届冬奥会都是主办国或主办城市展示民族文化的舞台。

## 基本概念

冬奥会起源　冬奥会发展历程　冬奥会文化　冬奥会火炬　冬奥会奖牌　冬奥会会徽　冬奥会吉祥物

## 复习思考题

1. 冬奥会起源的历史背景是什么？哪些因素在发挥重要影响？
2. 冬季冰雪运动组织在推广冰雪运动过程中发挥的作用是什么？
3. 从冬奥会的发展轨迹看冬奥会发展的文化内因。
4. 如何理解冬奥文化与民族文化的融合？
5. 从冬奥会的轨迹看冬奥会的未来发展之路。

## 阅读书目和网页

1. 国际奥委会官网：https://www.olympic.org.
2. 北京2022年冬奥会和冬残奥会组织委员会官网：https://www.beijing2022.cn.
3. 李树旺，张磊．冬奥会项目及观赛指南［M］．北京：中国人民大学出版社，2018.
4. 王仁周，朱志强．冬季奥林匹克运动（1924～2002）［M］．北京：人民体育出版社，2005.

# 第二章　中国的冬奥情缘

**重点问题**

- 中国参与冬奥会历程
- 中国申办冬奥会历程

20 世纪 80 年代以来，冰雪运动项目在中国起步发展。经过近 40 年的努力，我国在冬奥会上实现从“奖牌零的突破”到“金牌零的突破”，速度滑冰、短道速滑、花样滑冰、自由式滑雪空中技巧等项目优势日益凸显；2015 年，我国成功申办 2022 年冬奥会，完成了从“参与冬奥会”到“主办冬奥会”的身份转换。

## 第一节　中国冬奥会参赛历程

1978 年，中国奥委会在国际奥委会恢复合法席位。1980 年，我国首次参加了第十三届美国普莱西德湖冬奥会，我国冬奥会的参赛历程就此开始。

### 一、中国的冬奥会首途

20 世纪 80 年代，冬季比赛项目在中国处于刚刚起步阶段。

1980 年普莱西德湖冬奥会，中国首次派出 28 名运动员参与了 18 个分项的比赛。1984 年萨拉热窝冬奥会中国队再次出征，参加了速度滑冰、高山滑雪、越野滑雪、花样滑冰和现代五项 5 个大项的比赛，在 49 支参赛队伍中位居 23 位。在 1988 年举办的卡尔加里冬奥会上，中国队仅有 13 名运动员参加了 12 个大项的比赛。

## 二、“奖牌零的突破”

自 1980 年中国首次参加冬奥会以来，中国始终在冬奥会的奖牌榜外徘徊。在 1992 年阿尔贝维尔冬奥会上，我国终于实现了“奖牌零的突破”。中国队共收获了 3 枚银牌。速滑选手叶乔波带伤上阵，夺得了女子 500 米和 1 000 米两项亚军，成为首个获得冬奥会奖牌的中国人。

1994 年挪威利勒哈默尔冬奥会，中国队继续保持在速度滑冰项目上的优势。张艳梅和叶乔波分别在女子短道速滑 500 米和 1 000 米比赛获得 1 银、1 铜的成绩。女子花样滑冰运动员陈露夺得女单铜牌，成为中国获得花样滑冰奖牌的第一人。

1998 年中国代表团共有 60 名运动员出征日本长野冬奥会，参加冬季两项、速度滑冰、滑雪和冰球 4 个大项的比赛。此次冬奥会上，中国队在男女项目中均有突出表现，速度滑冰项目逐步成为中国队的优势项目。杨阳分别收获速度滑冰 500 米和 1 000 米的银牌，并与队友杨扬、王春露、孙丹丹获得速度滑冰 3 000 米接力的银牌。在男子项目中，李佳军在速度滑冰 1 000 米项目中夺得银牌，成为中国冬奥会上第一位获得奖牌的男运动员；安玉龙在速度滑冰 500 米项目中获得银牌，二人又与队友袁野、冯凯夺得了速度滑冰 5 000 米接力的铜牌。此次冬奥会中国代表队排名迅速提升，以 6 银 2 铜的成绩位列奖牌榜第 15 位。

## 三、“金牌零的突破”

2002 年，中国短道速滑队改写了中国参加冬奥会的历史，短道速滑运动员杨扬夺得了女子 500 米和 1 000 米两块金牌，实现了中国代表团“金牌零的突破”。中国短道速滑队在此次比赛中立下汗马功劳，8 块奖牌中，7 块出自短道速滑队。令人振奋的是，在花样滑冰项目中申雪、赵宏博以高超的技艺夺得了中国花样滑冰第一块双人滑奖牌。

2006 年都灵冬奥会，短道速滑项目已经成为中国代表队的夺金项目。女子短道速滑选手王濛分别获得了女子 500 米冠军、1 000 米亚军和 1 500 米季军。在速度滑冰项目中，王曼丽和任慧分别获得了女子 500 米亚军和季军。此次冬奥会上，中国实现了雪上项目“零的突破”。自由式滑雪男子选手韩晓鹏、女子选手李妮娜分别获得了冠军和亚军。在具有夺牌优势的花样滑冰比赛中，张丹、张昊与申雪、赵宏博分别获得了银牌和铜牌。

2010 年温哥华冬奥会，中国代表团派出了有史以来最大规模参赛队伍，以 5 金、2 银、4 铜的成绩跻身奖牌榜前 10，位居第 7 名。王濛在此次冬奥会上大显身手，在短道速滑 500 米、1 000 米和 3 000 米接力比赛中夺得三枚金牌。花样滑冰项目中，申雪、赵宏博和庞清、佟健以金牌、银牌的成绩证明了中国队的实力。本次冬奥会上，女子冰壶队斩获一枚铜牌。在自由式滑雪项目上，李妮娜、郭心心和刘忠庆为中国队夺得了 1 银、2 铜。

2014 年索契冬奥会，中国队收获了 3 金、4 银、2 铜共 9 块奖牌。周洋、李坚柔分别获得 1 500 米、500 米冠军，张虹获得速度滑冰 1 000 米冠军。男子运动员武大靖、韩天宇分别获得 500 米、1 500 米亚军和 5 000 米接力季军的成绩。徐梦桃在自由式滑雪空中技巧中夺得了一枚银牌。

2018 年平昌冬奥会，中国代表团共获得了 1 金、6 银、2 铜的成绩。中国女子单板滑雪运动员刘佳宇在 U 型场地技巧中夺得银牌，这是中国代表团在平昌冬奥会上的首枚奖牌。自由式滑雪空中技巧比赛中，女子选手张鑫、孔凡钰分别获得银牌和铜牌，男子选手贾宗洋获得银牌。短道速滑男子 500 米比赛中，武大靖为中国队夺得了唯一一块金牌。

## 第二节　中国冬奥会申办历程

自 1991 年申办 2000 年奥运会开始，我国先后四次申办奥运会。北京曾在 2008 年举办了夏奥会，伴随 2015 年申办 2022 年冬奥会成功，北京将成为史上第一个既举办夏奥会又举办冬奥会的城市。

### 一、哈尔滨申办冬奥会

黑龙江哈尔滨是我国冬季运动开展较早的地区，也是冰雪运动资源较丰富的地区。2002 年，哈尔滨市被作为 2010 年冬奥会的申办候选城市。同期竞争的还有加拿大温哥华、瑞士伯尔尼、波黑萨拉热窝、韩国江原道、奥地利萨尔茨堡、西班牙哈卡和安道尔国安道尔 7 个城市。

2002 年 3 月，哈尔滨市确定以“丁香花”为申奥标志。5 月，哈尔滨向国际奥委会递交了申奥调查问卷及相关答案。8 月，在第一轮评选中，国际奥委会根据申办城市的“政府重视”“人民重视率”“交通”“环保”等 8 个主要方面的 30 个部分进行打分，最后，哈尔滨名列第 5，未能进入第二轮候选。

### 二、北京申办冬奥会

2012 年，国际奥委会向世界发布了申办 2022 年冬奥会的邀请。

2013 年 11 月 3 日，中国奥委会正式致函国际奥委会，提名北京—张家口为 2022 年冬奥会申办城市。

2014 年 3 月 14 日，国际奥委会正式公布了 5 个申办城市的名单：中国北京、哈萨克斯坦阿拉木图、波兰克拉科夫、乌克兰利沃夫和挪威奥斯陆。

时隔不久，波兰克拉科夫、乌克兰利沃夫相继退出申办。挪威奥斯陆曾具有冬奥会办赛经验，基本可以锁定其举办权。然而，由于民众的极力反对，挪威政府撤销了冬奥会工作的财政支持，奥斯陆黯然退出。

最后，中国的北京与哈萨克斯坦的阿拉木图进入最后环节的竞争。与北京竞争的阿拉木图实力不容小觑，曾举办过亚洲冬季运动会和大学生冬季运动会，具有国际比赛的办赛能力。

2015 年 7 月 30 日，国际奥委会第 128 次全体会议在吉隆坡开幕。国际奥委会共有 100 名委员和 1 名荣誉委员。根据规定，荣誉委员无投票权，国际奥委会主席不参与投票，申办城市所在国家和地区委员回避，最后确定 85 名委员投票，其中 1 人弃权。最终，北京以 44∶40 的微弱优势战胜阿拉木图，获得 2022 年第二十四届冬奥会和冬残奥会的主办权。

## 本章要点

1. 我国参与冬奥会的历程，是我国冬季项目发展水平不断提升的过程。
2. 我国冬奥会竞技项目实力日渐增强，确立了速度滑冰、短道速滑、花样滑冰、自由式滑雪空中技巧等夺金优势项目。
3. 2022 年北京冬奥会的成功申办，是我国国际话语权日益提升的表现。

## 复习思考题

1. 如何看待我国从“参与”到“主办”冬奥会的身份转换？
2. 我国实现“奖牌零的突破”和“金牌零的突破”经历了哪些阶段或过程？
3. 我国申奥历程中有哪些经历？
4. 我国成功申办冬奥会有哪些优势？

# 第三单元　2022 年冬奥会主办城市与比赛项目

## 第一章　2022 年冬奥会的主办城市文化

**重点问题**

- 北京的城市文化特点
- 张家口的城市文化特点

2022 年冬奥会将由北京与张家口联合举办。北京的两个赛区分布在北京城区和北京延庆区，张家口的赛区主要在张家口的崇礼区。北京主要承办冰上项目比赛，张家口承办绝大多数雪上项目比赛。2019 年 12 月，随着京张高铁的运行通车，2022 年冬奥会大幕即将开启。

### 第一节　北京城市文化

#### 一、北京的城市文化

北京市，简称京，是中华人民共和国的首都，是中国共产党中央委员会、中华人民共和国中央人民政府和全国人民代表大会常务委员会的办公所在地，是全国政治中心、文化中心、国际交往中心、科技创新中心，是世界著名的古都和现代化国际城市。

北京是一座有 3 000 多年历史的古都，曾有燕都、幽州、大都、北平、京兆等多个称谓。1949 年 9 月，中国人民政治协商会议第一届全体会议通过决议，将北平更名为北京。目前，北京市共辖 16 个市辖区，常住人口 2 154.2 万人（截至 2018 年末）。

北京是一座有独特的地理特征的城市。北京位于华北地区，地形西北高东南低，背倚雄伟蜿蜒的太行山脉和燕山山脉，半圆形的大山湾怀抱着北京城，城市的东南方向是逐渐向前延展的广阔的平原。北京夏季高温多雨，冬季寒冷干燥，属于典型的暖温带半湿润大陆性季风气候。

北京是一座很“规整”的城市。从北京城市建筑总体布局的角度看，“中”“正”的理念贯穿了各个历史阶段的城市规划。这种理念具体体现在以宫城为中心，以中轴线为轴左右对称的特点。北京的中轴线南自永定门，经正阳门、天安门、太和殿，北至钟鼓楼。在中轴线两侧，天坛与先农坛、东华门与西华门、太庙与社稷坛、安定门与德胜门都一一对称分布，显示出北京城独有的秩序。北京的中轴线与北京奥运会有一段难解之缘，在 2008 年北京奥运会开幕式上，29 个由烟花制成的“脚印”从永定门上空燃起，沿着北京的中轴线前行，直至主场馆“国家体育场（鸟巢）”。奥运的脚步穿越北京城市中轴线的设计令人印象深刻，非常形象地向世界展示了古都北京的风貌。在 2022 年冬奥会的筹办和举办阶段的活动安排中，城市中轴线概念也必然会成为各种庆典或文化活动经常凸显的一个设计理念。

北京是一座富有韵味的城市。作为历史文化名城，宏伟壮丽的宫殿、古刹、园林、庙坛遍布北京城。住过 24 个皇帝的明、清两代的皇宫故宫，皇帝“祭天”和“祈谷”的天坛，具有很高的艺术价值，被誉为“万园之园”的圆明园，内有明代 13 个皇帝的陵墓的皇家陵墓群明十三陵等，这些数不胜数的古迹拥有着不可磨灭的民族和历史意义。此外，北京的城市景致还包括“燕京八景”、道观寺庙、“四合院”、“北京胡同”等，它们都凝聚着北京的城市文化，这些带着浓浓“京味儿”的“城市名片”将在北京举办冬奥会期间被国际友人所珍藏，成为他们终生难忘的回忆。

北京是一座具有浓浓的现代气息的城市。在国家的战略规划中，北京是全国政治中心、文化中心、国际交往中心、科技创新中心。这“四个中心”的战略定位要求北京的发展要高层次、有内涵、国际化和具有创新引领作用。金融街、国家大剧院、中央电视台总部大楼、国家体育馆、国家游泳中心、大兴国际机场等科技感和艺术感非常浓厚的现代建筑，是北京城最新的城市文化符号。北京是全国高等教育最发达的城市，北京大学、清华大学、中国人民大学、北京师范大学等著名高校的科学、技术、文化的创新能力为北京的城市发展提供了不竭动力。徜徉在后海、北京商务中心区的街头，艺术感浓厚的酒吧、擦肩而过的不同肤色的国际友人都在向人们讲述着古老北京的现代故事。

北京还是一座独具特色的奥运城市。2008 年，北京成功举办了第 29 届夏季奥林匹克运动会。曾任国际奥委会主席萨马兰奇先生曾称赞：“北京奥运会是所有奥运会中最好的一届奥运会。在未来应该很少有人可以做到这种程度。这不光是我个人的看法，同时也是绝大部分媒体和国际奥委会官员的看法。”奥运会为北京这座古老的都城留下了丰富的奥运遗产，例如，以“绿色奥运、科技奥运、人文奥运”为代表的奥运精神遗产，被誉为“北京模式”的奥林匹克教育遗产，以北京奥林匹克公园为代表的场馆遗产等，这些奥运遗产赋予北京城市文化以特殊的奥运内涵。2022 年第二十四届冬季奥林匹克运动会也即将在北京举行，北京将成为世界上独一无二的“双奥城市”。当韩国平昌冬奥会结束，奥林匹克运动周期正式进入“北京周期”，世界的目光将聚集在北京这座古老而又现代的国际大都市，我们翘首期待祖国的首都北京能为奥林匹克运动交上一份让世界满意的答卷。

## 二、延庆赛区文化

延庆区是 2022 年冬奥会一个赛区，主要进行雪上项目的比赛。2022 年冬奥会期间，在延庆区将进行高山滑雪、雪车、雪橇 3 个运动大项的比赛，包括高山滑雪、雪车、钢架雪车、雪橇 4 个运动分项和其中的 20 个运动小项。延庆赛区共有 5 个竞赛、非竞赛场馆。

延庆是一个以旅游休闲业为主要特色的生态涵养发展区。延庆区位于北京市西北部，出于涵养北京水源品质的需要，这里没有重工业或污染严重的制造业，也正因如此，这里拥有青山绿树、空气清新的生态环境。延庆区海拔约 500 米，在气候方面，这里的平均气温比北京市区要低，冬冷夏凉，冰雪资源非常丰富。优美的自然环境使得很多人将延庆作为理想的旅游休闲的目的地，区内的旅游资源很有特色，包括八达岭长城、龙庆峡、玉渡山、古崖居、妫水河、野鸭湖国家湿地公园等 30 余个风光独特的景区景点。在旅游业发展过程中，延庆人民打造了柳沟、长寿岭、秀水湾等特色民俗村，在自然的旅游景点的基础上增加了人文旅游的内涵。

延庆区是一个有深厚历史底蕴的多元文化交融的区域。早在秦汉时期，延庆区就有比较规范的行政设置，1958 年 10 月延庆正式划归北京市，2015 年国务院批准延庆撤县设区。延庆地处长城北侧，与河北的怀来、赤城接壤，是首都北京的西北门户。延庆自古以来就是连接北京与西北地区的交通要道，特殊地理位置决定了该地区是一个多民族聚居之所。这里有博大精深的长城文化、扑朔迷离的古崖文化等，多元文化的交汇形成了独特的草原文化与农耕文化相融的生活方式和民俗地域文化。

近年来，延庆的国际化程度不断提升，相继举办了世界汽车房车露营大会、世界葡萄大会、世界马铃薯大会和 2019 年北京世界园艺博览会，并成功创建世界地质公园。随着 2022 年冬奥会的临近，延庆的交通状况和市政设施将得到很大程度的改善，绿色办奥理念也能保障延庆良好的自然环境不因主办奥运会而遭受破坏，届时延庆将会吸引世界关注的目光。

# 第二节　张家口城市文化

张家口是一座历史十分悠久的城市。张家口位于京、冀、晋、内蒙古交界处，是北京连接西北地区的交通咽喉，自古是兵家必争之地。张家口的文化遗产丰富多彩，仅现已查明的不可移动文物遗存点就有 7 899 处，其中包括古建筑、古墓葬、古遗址、碑碣、摩崖石刻等。张家口境内的古长城，建于八个不同的历史时期，代表着不同时代的文化与特色。这些遗存，将让来自四方的奥运访客目睹这座古城的多彩文化和历史变迁。

张家口的交通四通八达，这座城市是 6 条铁路、6 条高速公路、9 条国道和 20 余条省道的交汇点，张家口宁远机场的航线通达祖国的最南和最北，这让张家口的交通网络形成一个立体化的体系。交通设施建设是筹备冬奥会工作的重要组成部分，特别是高铁的规划和建设将会极大促进张家口的区域经济发展，把张家口真正融入北京一小时生活圈和京津冀旅游带。这是国家京津冀协同发展战略与冬奥会区域协同发展理念有效对接和融合的一个成功典范。

悠久的历史造就了丰富多彩的民俗文化。张家口的非物质文化遗产是一个从国际级到国家级，再到省市级的层次分明的文化体系。从文化门类角度讲，这些非物质文化遗产涉及曲艺、民间音乐、民间舞蹈等 10 余个艺术门类。张家口市几乎每一个区县都有自身别具特色的民俗文化，蔚县剪纸、赤城马栅子戏、张北曲艺大鼓等都是张家口区域性的文化瑰宝。

张家口具有丰富的冰雪资源和浓厚的冰雪运动文化。2001 年，张家口崇礼创立了“中国·崇礼国际滑雪节”，每一届滑雪节都是京津冀滑雪爱好者的欢乐节日，该滑雪节经过将近 20 年的发展已经具有一定的国际影响力。这些冰雪文化活动为成功申办 2022 年冬奥会提供了坚实的支撑。2022 年冬奥会的张家口赛区主要分布在张家口市崇礼区，主要承接冬奥会的雪上项目。该赛区共有 8 个竞赛、非竞赛场馆，将进行 2 个大项（滑雪、冬季两项）、6 个分项（单板滑雪、自由式滑雪、越野滑雪、跳台滑雪、北欧两项、冬季两项）、50 个小项的比赛。在崇礼区原有的滑雪产业发展的基础上，加上本次冬奥会为张家口留下的交通、场馆、文化、教育、环境等多领域的冬奥遗产，张家口必将成为国内滑雪爱好者，甚至周边国家滑雪爱好者休闲度假的理想之地。

## 本章要点

1. 北京是中华人民共和国的首都，是一座具有 3 000 多年历史和独特地理、文化特征的城市。北京不仅是历史文化名城，有着浓郁的现代化大都市气息，更是一座独具特色的奥运城市。

2. 张家口是一座历史十分悠久的城市。张家口具有立体化的交通网络体系，张家口的交通设施建设是 2022 年冬奥会工作的重要组成部分。张家口不仅具有丰富多彩的民俗文化，更具有丰富的冰雪资源和浓厚的冰雪运动文化。

## 复习思考题

我国确立京张地区举办冬奥会的原因是什么？

# 第二章　2022 年冬奥会文化

重点问题

- 2022 年冬奥会各个场馆的设计理念
- 2022 年冬奥会的吉祥物、会徽的设计理念

## 第一节　2022 年冬奥会的文化与符号

奥运会主办国或主办城市都会根据自己对奥林匹克运动的理解，结合本民族的文化特性，创造出一些文化符号，例如，奥运会会徽、吉祥物、口号、愿景、理念等。这些文化符号都很有特点，往往正是由于这些文化符号的特殊性而给世界留下深刻的印象，被人们铭记。2022 年冬奥会的会徽、吉祥物等奥运文化符号是怎样的？具有怎样的内涵？

### 一、2022 年冬奥会和冬残奥会会徽

会徽是奥运会最显著的标识。2022 年冬奥会会徽名叫“冬梦”，北京冬残奥会会徽名为“飞跃”。

2022 年冬奥会的会徽征集经历了一系列严谨的工作流程。在 4 506 件应征作品的基础上，经过专家的精心评选，以及北京冬奥组委报冬奥会工作领导小组批准和国际奥委会、国际残奥委会认可，最终，由中央美术学院副教授林存真精心设计的冬奥会会徽“冬梦”和冬残奥会会徽“飞跃”脱颖而出。

**2022 年冬奥会和冬残奥会会徽**

2022 年冬奥会会徽“冬梦”的灵感来自汉字“冬”，会徽的整体设计将中国传统文化、奥林匹克精神、国际化、现代化的风格巧妙地融合在一起。图形上半部分展现滑冰运动员的造型，下半部分表现滑雪运动员的英姿，中间舞动的线条包含了举办地起伏的山峦、赛场和冰雪滑道等元素，流畅且充满韵律。从颜色的表现来看，“冬”字中间的红丝带代表了喜庆与欢庆，与中国节日的颜色和氛围相契合，表明冬奥会的举办恰逢中国的春节这个重大节日；红黄两色代表着激情与活力，蓝色的主色调代表冬奥梦、体育强国梦和中国梦，寓意中国正处在自己的圆梦之旅。“BEIJING 2022”印鉴在形态上与会徽图形非常协调，融合了中国书法与剪纸的特点，使整个会徽更加饱满，在文化上更加充满内涵和表现力。

在会徽的艺术设计上，北京冬残奥会会徽“飞跃”跟“冬梦”有相似之处，都体现了中国书法艺术与奥林匹克文化的有机结合。汉字“飞”本身无论从字义还是字形都充满动感和力量，而冬残奥会会徽的“飞”字更加形象地体现了冰雪运动的运动特性——滑行，奔向胜利。这个会徽以轮椅的形象体现了冬残奥会的特殊之处。从图形设计来看，“飞跃”的线条刚柔并济，既代表残疾人运动员的刚强、坚韧和拼搏向上的勇气，也体现出冬残奥会运动员对于成功和圆梦的期盼。在颜色上，会徽的色彩丰富饱满，表现出运动员拼搏、超越、坚强的残奥精神。总体来讲，北京冬残奥会会徽是残奥精神与中国文化相融合的结晶。

国际奥委会主席托马斯·巴赫在会徽发布仪式上讲道：“北京冬奥会会徽的揭幕，对于中国乃至整个奥林匹克大家庭，都是奥运之旅中的精彩里程碑；全世界的人们都会以北京冬奥会会徽这一形象彼此联系沟通；会徽代表了北京冬奥会的愿景，把中国的美好展现给全世界，用独特的方式把现代与传统融合在一起；会徽还会把冬季运动的乐趣带给中国乃至世界的年轻一代。”

2022 年冬奥会和冬残奥会组织委员会主席蔡奇在致辞中表示：“北京 2022 年冬奥会会徽和冬残奥会会徽把中国文化底蕴、现代国际风格、冬奥运动特征融为一体，生动彰显了当代中国的时代风貌和文化魅力，形象展示了冰雪运动的激情、青春与活力，传递出运动员超越自我、奋力拼搏的精神，表达了 13 亿中国人民对北京冬奥会和冬残奥会的美好憧憬。”

2022 年冬奥会和冬残奥会会徽发布后，北京冬奥组委启动了北京冬奥会特许经营试运行计划，中国邮政发行了 2022 年北京冬奥会会徽和冬残奥会会徽纪念邮票。

## 二、2022 年冬奥会和冬残奥会吉祥物

奥运会吉祥物能代表举办方的民族文化特色，往往因此更受世人关注，成为给人们留下深刻印象的奥运标识。2022 年北京冬奥会的吉祥物名为“冰墩墩”，冬残奥会吉祥物叫作“雪容融”。

2018 年 8 月 8 日，在北京成功举办奥运会十周年纪念日活动上，北京冬奥组委正式面向全球征集北京 2022 年冬奥会和冬残奥会吉祥物设计方案。征集的国内作品来自全国 34 个省级行政区，国外作品来自五大洲的 35 个国家。收集到的设计方案的总量为 5 816 件。经过专家评议，由北京冬奥组委报冬奥会工作领导小组审定后上报国际奥委会、国际残奥委会确认，最终，冬奥会吉祥物“冰墩墩”（广州美术学院设计）和冬残奥会吉祥物“雪容融”（吉林艺术学院设计）被大家认可，并于 2019 年 9 月 17 日在北京首钢园区国家冬季运动训练中心冰球馆举办的发布会上正式发布。

**2022 年冬奥会吉祥物“冰墩墩”**

**2022 年冬残奥会吉祥物“雪容融”**

2022 年冬奥会吉祥物“冰墩墩”的原型取自我国国宝大熊猫。“冰”象征着纯洁和坚强，“一片冰心在玉壶”“清如玉壶冰”都比喻忠贞的心志和高尚的品格。“墩墩”非常契合中华民族传统的喜好，中国人一般都喜欢敦厚、活泼、可爱的形象，就像我们国宝大熊猫一样。“冰墩墩”头部外壳造型取自人们参加冰雪运动时佩戴的头盔，上面还有国家速滑馆“冰丝带”的设计理念。特别是“冰墩墩”浑身上下透着一股现代感，大家很容易就能在它身上看到太空科技、5G 科技的影子，寓意追求卓越、探索未来、引领时尚的时代气息。“冰墩墩”左手掌的掌心有一个心形图案，代表着中国对五湖四海朋友的热情欢迎。

2022 年冬残奥会吉祥物“雪容融”的形象设计取自灯笼。“雪”象征洁白与纯净；

“容”意喻包容和宽容，有海纳百川之意；“融”代表融合，有相知相融之意。“雪容融”三个字向世界传达：中国作为古老的文明古国和在国际政治舞台上具有巨大影响力的国家，希望借主办冬奥会的机会与世界不同民族的文化进行交融互鉴，并共建一个更加开放、更加包容、更加温暖的世界的美好愿景。灯笼是世界公认的中国文化符号，中国红的灯笼底色象征喜庆、丰收、光明、期盼，也暗示冬残奥会在中国传统节日“春节”期间举办。从整体设计理念看，冬残奥会吉祥物的设计将中国的民俗文化注入奥林匹克的盛典，实现奥林匹克文化与中国民俗文化的有机融合。

北京冬奥会和冬残奥会吉祥物是中国文化与奥林匹克文化相交融的结晶，它们必将成为中国向世界阐释中国理念、传递中国声音的一张名片。

### 三、2022 年冬奥会和冬残奥会的口号与愿景

2022 年冬季奥运会的口号是“纯洁的冰雪，激情的约会”。冰象征着坚韧，雪代表着纯净，该口号表达的意思是，用“纯洁的冰雪”，邀约全世界的朋友们来北京作客，共赴一场冰雪的“激情的约会”。

北京冬奥会的愿景是：“让奥林匹克点亮青年梦想，让冬季运动融入亿万民众，让奥运盛会惠及发展进步，让世界更加相知相融。”

## 第二节　2022 年冬奥会场馆介绍

2022 年冬奥会分为北京赛区、延庆赛区和张家口赛区三个赛区。各个赛区的运动场馆都分为竞赛场馆和非竞赛场馆两类，它们在设计理念上都融入了中国传统文化的元素，也与赛区的民俗文化或历史遗存相合相应。

### 一、2022 年冬奥会北京赛区场馆

北京赛区的竞赛场馆有 6 个：国家游泳中心（冰立方）、国家体育馆、国家速滑馆（冰丝带）、五棵松体育中心、首钢滑雪大跳台、首都体育馆。竞赛场馆的训练馆有 3 个：首体短道速滑训练馆、首体花样滑冰训练馆、首体冰球训练馆，都在首都体育馆馆区。

北京赛区的非竞赛场馆有 20 个，包括国家体育场（鸟巢）、国家会议中心二期、北京冬奥村、北京赛区颁奖广场等。国家体育场（鸟巢）是冬奥会开闭幕式场馆。

#### （一）2022 年冬奥会北京赛区竞赛场馆

1. 国家游泳中心

国家游泳中心是 2008 年北京夏季奥运会的主游泳馆，也是 2008 年北京奥运会标志性建筑物之一。在 2022 年冬奥会，这里将举办冰壶（冬奥会）和轮椅冰壶（冬残奥会）的比赛。

国家游泳中心位于奥林匹克公园 B 区西侧。国家游泳中心的设计理念源自中国传统文化的“天圆地方”的思想。方形的国家游泳中心与圆形的国家体育场相呼应，相得益彰。在功能设计方面，国家游泳中心外围的 ETFE 膜能为场馆内带来更多的自然光，自然通风、循环水系统的合理开发等设计充分体现了节能环保的“绿色奥运”理念。

国家游泳中心

在 2022 年冬奥会的筹备过程中，通过系统改造过的国家游泳中心将变身为具有 4 条标准赛道的冰壶比赛场地，以满足冰壶和轮椅冰壶比赛的需要，到那时，国家游泳中心将由“水立方”变身为“冰立方”，成为北京这座“双奥”之城的宝贵的奥运遗产。

2. 国家体育馆

国家体育馆坐落在北京奥林匹克公园中心区的南部，总面积 8 万多平方米，是 2008 年北京奥运会的主场馆之一，也是一座标志性建筑。在 2022 年冬奥会，国家体育馆作为冰上项目场馆，将进行冰球（冬奥会）和残奥冰球（冬残奥会）项目的比赛。

国家体育馆包括主体建筑、热身馆和室外环境三个部分，设有固定座位 18 000 个，临时座位 2 000 个。国家体育馆的设计灵感来源于中国“折扇”，在设计理念上体现了功能、环保、艺术性并重的原则。国家体育馆的地基下埋着 8 万多吨首钢炼钢产生的废钢渣，这样既满足了施工需要又变废为宝，还缩短工期，充分体现了“绿色奥运”的理念。国家体育馆充分体现了对残疾人奥运参与的人文关怀，馆内的无障碍设施包括在黄金区位开辟的轮椅看台、残疾人专用电梯、无障碍缓坡等，体现了北京奥运会“人文奥运”的理念。国家体育馆在材料使用和功能设计方面充分应用了当时的新工艺和环保材料，应用先进的科技降低了噪声的干扰，在抗干扰方面体现了“科技奥运”的理念。

经过一定功能改造，国家体育馆将升级为绿色二星建筑，其更加环保和更具功能性的新姿将给世人留下深刻的印象。

国家体育馆

3. 国家速滑馆（冰丝带）

国家速滑馆又名“冰丝带”。国家速滑馆坐落在北京市北五环内，与国家网球中心钻石球场毗邻。在2022年冬奥会，国家速滑馆将举办速度滑冰比赛。

国家速滑馆具有非常丰富的冰雪文化内涵和艺术意境，是2022年冬奥会的标志性场馆建筑之一。在外观设计方面，国家速滑馆的整个外形给人的感觉如冰上竞速一样飘逸流畅，盘旋的外墙曲线就像滑冰运动员在冰上风驰电掣般驶过所划起的丝丝划痕，“冰丝带”的名字与整个馆的外在形象非常吻合。这些飘逸的丝带共有22条，代表着本届冬奥会举办的年份。国家速滑馆占地约8万平方米，虽然面积和规模不是很大，但室内冰面的使用面积却是亚洲最大的，其馆容量也很惊人地达到了12 000人，使用功能也是世界一流的。

国家速滑馆

除飘逸的外观外，“冰丝带”还是一座智能化的冬季运动场馆。全新的“BIM 运维系统”能够在场馆建设过程中进行专业设计建模、施工方案模拟等专业化的施工管理和智能决策，达到场馆建设的高效和智能化的目标。场馆内的“定位导航系统”能让人充分享受到大数据和智能化带来的便捷。三维可视地图可以让进入场馆的人迅速熟悉场馆结构，找到到达自己目的地的便捷路径，快速找到自己的座位。场馆的智能化还体现在，场馆的冰面是一种全冰面设计，这意味着要对每一块冰面进行单独控温，以满足不同运动项目对冰面温度的不同需求。国家速滑馆还对馆内气流进行了高效调控，精准控制不同区域的温度和湿度以满足观众席和比赛冰面的不同要求，让观众和运动员都能在舒适的环境中享受比赛。

国家速滑馆在设计、建造和使用过程中始终贯彻绿色环保的理念。出于绿色环保和节能节材的考虑，速滑馆采用单层双向正交马鞍形屋面索网结构，22 条冰丝带能起到遮阳和节能的效果。同时，为了节约电能，场馆制冷所产生的余热可以用于生活热水和融冰、浇冰等。为减少二氧化碳排放，充分利用空气能为场馆管理用房供暖。

4. 五棵松体育中心

五棵松体育中心又叫北京奥林匹克篮球馆，是 2008 年北京夏季奥运会的篮球比赛馆。在 2022 年冬奥会，这里将举办冰球项目的比赛。

该场馆的建造基本使用再生、绿色环保建材，符合北京奥运会“节俭办奥运”的指导思想。在场馆规划方面，五棵松体育中心在最初设计时就为冰球比赛预留了空间，所以，篮球馆改为冰球馆就不需要大规模的施工，在短时间内可以完成篮球馆向冬奥会冰球比赛赛场的过渡。这是一个真正的“双奥体育馆”，不仅适应夏奥和冬奥比赛的需要，而且，在冬奥会比赛结束后，也能很方便地进行篮球和冰球两类运动的推广和普及活动。

五棵松体育中心

5. 首钢滑雪大跳台

人们将首钢滑雪大跳台亲切地称为“雪飞天”，一个富有意境的昵称。滑雪大跳台位于原来的首钢工业园区的北区，北邻北京冬奥组委办公地。在 2022 年冬奥会，这里将举办单板滑雪（大跳台）项目的比赛。

首钢滑雪大跳台的设计和规划真正体现了节俭办奥、绿色办奥的原则。在具有丰富的工业遗存的首钢园区建设冬奥场馆，一是可以减少建设体育场馆对耕地或林地的侵占，减少对自然环境的破坏，二是首钢滑雪大跳台是2022年冬奥会唯一一个位于中心城区的雪上项目举办地，项目建成后将成为世界首例永久性保留和使用的滑雪大跳台场馆。这种设计有利于冬奥会后大跳台的可持续性开发利用，有利于冬奥会场馆遗产的价值拓展。首钢滑雪大跳台的建设将首钢园区工业遗存与奥运体育赛事完美地结合在一起，这个规划多次得到前任国际奥委会主席罗格、副主席小萨马兰奇先生的高度赞誉。首钢滑雪大跳台将承接2022年冬奥会单板大跳台项目比赛，有四块金牌将在这里产生。

首钢滑雪大跳台

6. 首都体育馆

首都体育馆位于中关村南大街，东邻北京动物园，西望紫竹院公园，环境优美，交通发达。在2022年冬奥会，首都体育馆将要进行短道速滑和花样滑冰项目的比赛。

首都体育馆

首都体育馆是北京规模最大、功能最多、适用范围最广的综合性体育馆。许多国际、国内体育比赛和训练，以及大型文艺演出都曾在首都体育馆成功举办。在 2008 年北京奥运会，这里是排球比赛和训练的主要场馆。在迎接 2022 年冬奥会的场馆改造中，场馆改造规划始终坚持“传承保护、立足赛后、确保赛时、绿色科技”的理念，着力提升内部环境体验效果。同时，场馆保温系统、门窗系统的升级，以及智能化能源管理系统的应用让场馆更加节能。在场馆改造的规划中，除了承办赛事，注重场馆的赛后利用外，在 2022 年冬奥会后，首都体育馆还将充分发挥和开发冬奥场馆多维度的社会价值，为全民健身和推广普及冰上运动做出贡献。

2022 年冬奥会的训练场馆包括首体短道速滑训练馆、首体花样滑冰训练馆、首体冰球训练馆，3 个训练馆都在首都体育馆馆区。

**（二）2022 年冬奥会北京赛区非竞赛场馆**

北京赛区的非竞赛场馆共有 20 个，其中国家体育场（鸟巢）、国家会议中心二期、北京冬奥村、北京赛区颁奖广场是非常重要的非竞赛场馆。

1. 2022 年冬奥会开闭幕式场馆——国家体育场（鸟巢）

国家体育场，又名“鸟巢”，这是北京夏奥会的开幕式、闭幕式和部分运动项目的场馆。在 2022 年冬奥会，国家体育场将举办冬奥会和冬残奥会的开、闭幕式。

国家体育场坐落在奥林匹克公园建筑群的中央，整个体育场网格状的构架相互支撑，其外观就像小鸟在树上用树枝结成的巢，人们形象地将其称为“鸟巢”。在形态设计上，国家体育场弧形的外观和镂空的结构框架非常巧妙地淡化了体育场巨大的体积和容量给人的突兀感和压迫感，给人以非常自然的、协调的融入感。在外观表现方面，国家体育场将镂空手法、陶瓷纹路等能够代表我国传统文化特色的理念与灰色矿质般有浓厚现代气息的表现形式紧密融合在一起，完美表达出传统与现代的结合。国家体育场在环保方面也进行了科学的规划，良好的自然通风、自然采光、雨水回收、可再生地热能源利用、太阳能光伏发电技术应用等设计，充分体现了绿色奥运理念。为了满足各类人体育参与的需要，国家体育场在座椅的高度、座椅到赛场的距离等方面也进行了细致的设计。同时，无障碍设施、助听器的应用能保障残疾人的需求，体现了最切实的人文关怀。

国家体育场

国家体育场已经圆满完成了2008年北京奥运会的任务，经过合理的改造后将迎来2022年冬奥会的盛大召开，这无疑会成为北京最具有标志性的双奥场馆遗产。

2. 国家会议中心二期

国家会议中心二期项目位于国家会议中心一期与亚投行之间，与一期建筑遥相呼应。国家会议中心二期整体建筑造型就像即将展翅高飞的大鹏鸟一样，工程的外立面幕墙采用凸凹的珐琅板，整个造型似群鸟飞翔。国家会议中心二期项目总建筑面积50多万平方米，将用作冬奥会主新闻中心和国际广播中心。

3. 北京冬奥村

在2022年冬奥会期间，北京冬奥村将容纳运动员及随队官员2 260人，是北京冬奥场馆之一。北京冬奥村从2018年7月进入全面建设阶段，预计2021年8月交付使用。

北京冬奥村总建筑面积约33.3万平方米，位于奥体中心以南、中轴线以东。2022冬奥会期间，冬奥村将作为北京赛区参赛人员住宿、餐饮、社交的场所。

4. 北京赛区颁奖广场

北京赛区颁奖广场是临时场馆，位于国家体育场与国家游泳中心之间。届时将临时搭建舞台、放置座椅，赛后拆除、恢复现有广场。2021年启动相关工作。

## 二、2022年冬奥会延庆赛区场馆

冬奥会延庆赛区场馆集中在延庆小海坨山区。延庆赛区的竞赛场馆有2个：国家高山滑雪中心和国家雪车雪橇中心。非竞赛场馆有3个：延庆冬奥村（冬残奥村）、延庆制服与注册分中心、延庆公共区。

### （一）冬奥会延庆赛区竞赛场馆

1. 国家高山滑雪中心

国家高山滑雪中心是冬奥会的标志性建筑之一，赛道犹如白色的瀑布自山顶蜿蜒而下。在2022年冬奥会，这里将举办高山滑雪（冬奥会）和残奥高山滑雪项目的比赛。

国家高山滑雪中心

国家高山滑雪中心的集散广场、出发区、结束区散落在山野之间，与小海坨区内的山水交相辉映。

2. 国家雪车雪橇中心

国家雪车雪橇中心的赛道是我国第一条雪车雪橇赛道，也将成为世界第一条 360°回旋赛道。在冬奥会期间，国家雪车雪橇中心将承担雪车、钢架雪车、雪橇三个项目的全部比赛。国家雪车雪橇中心最高设计时速已达到 134.4 公里。

国家雪车雪橇中心

**（二）冬奥会延庆赛区非竞赛场馆：延庆冬奥村**

延庆冬奥村以中国北方山村的形式依山而建。延庆冬奥村将中国的山水文化、山村美学和奥林匹克元素很好地结合起来，创造出一种绿色、环保、节能的生活情景，让 2022 年冬奥会的“村民”尽享适意的田园生活。

## 三、2022 年冬奥会张家口赛区场馆

张家口赛区有 10 个场馆，包括 4 个竞赛场馆和 6 个非竞赛场馆。

**（一）冬奥会张家口赛区竞赛场馆**

冬奥会张家口赛区竞赛场馆有 4 个：国家越野滑雪中心、国家跳台滑雪中心、国家冬季两项中心、云顶滑雪公园。

1. 国家越野滑雪中心

国家越野滑雪中心在 2022 年冬奥会期间将承办越野滑雪和北欧两项的比赛。该中心由赛道和多个综合区组成，其滑雪赛道距离明长城遗址极近，运动员和游客能享受到比赛、观赛、休闲等多重参与体验。此外，为保护赛区水资源，赛区场馆群将打造奥运历史上第一个海绵赛区。同时，将采用智能化造雪系统，统一管理造雪设备。另外，该中心还将采取水的二次处理和重复利用的方法落实绿色奥运的理念。赛后，国家越野滑雪中心将利用已有场地，打造“山地公园”和“户外冰上娱乐中心”，将冬季的冰雪运动与夏季的体育休闲活动结合在一起，有效拓展冬奥会场馆资源的价值。

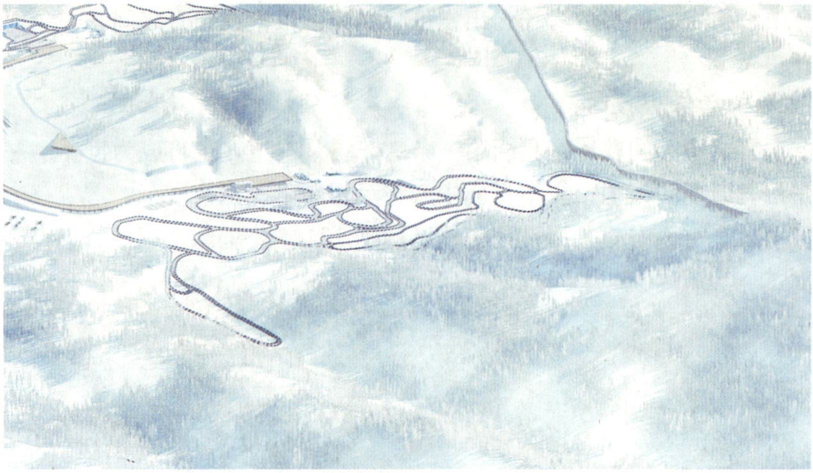

国家越野滑雪中心

2. 国家跳台滑雪中心

国家跳台滑雪中心又被人们亲切地称为“雪如意”，该中心在2022年冬奥会期间将举办跳台滑雪和北欧两项的比赛。国家跳台滑雪中心场馆的设计理念融合了中国元素，两大主场馆分别是“雪如意”和“冰玉环”。其设计灵感源自我国传统的“如意”的外形。“冰玉环”是用来连接两个比赛场馆的一条环形通道。国家跳台滑雪中心充分考虑了冬奥会期间的比赛需求与冬奥会后的持续性应用的问题。滑道部分在冬季将保留原有滑雪功能，能够提供赛事和专业训练相关服务。

国家跳台滑雪中心

3. 国家冬季两项中心

在2022年冬奥会期间，国家冬季两项中心将承担冬季两项（冬奥会）、残奥冬季两项、残奥越野滑雪项目的比赛。国家冬季两项中心的选址充分考虑了观赛需求。观众可以看到东西向山谷的赛道上，运动员在山谷间穿梭，再配以远山上古长城遗址，这种奥林匹克运动与中华民族文化遗产的融合无疑会极大地丰富冬奥会的观赛体验。同时，场馆无障碍设施为冬残奥会办赛和观赛提供了方便。2022 年冬奥会后，冬季两项中心将得到可持续性的开发和利用。在冬季，这里将满足国家体育专项训练和赛事需要，同时，还将打造适合滑雪初学者的培训和体验项目；在夏季，这里将成为户外活动中心，增设野外运动、拓展训练等项目。

国家冬季两项中心

4. 云顶滑雪公园

云顶滑雪公园位于崇礼区密苑云顶乐园滑雪场内。云顶滑雪公园在 2022 年冬奥会期间，将举办冬奥会的平行大回转、坡面障碍空中技巧、障碍追逐 U 型场地技巧、雪上技巧的比赛，以及冬残奥会的残奥单板滑雪项目的比赛。为全面检验赛道及赛事运营能力，云顶滑雪公园将在 2021 年承接国际雪联单板滑雪和自由式滑雪世界锦标赛。

云顶滑雪公园

### （二）冬奥会张家口赛区非竞赛场馆

张家口赛区非竞赛场馆有6个，包括张家口冬奥村（冬残奥村）、张家口山地新闻中心、张家口山地转播中心、张家口颁奖广场、张家口制服和注册分中心、张家口太子城公共区。其中，大家都比较关注的张家口冬奥村（冬残奥村）位于太子城冰雪小镇内，在整体规划上冬奥村和金代皇家行宫遗址进行了一体化设计，打造出中国历史与奥运文化结合的建设典范。

总体而言，为贯彻落实绿色奥运的理念，张家口赛区在场馆规划方面采取多种环保节能的措施，例如，建设低能耗场馆、严格落实节能环保标准、保护生态环境和文物古迹、确保比赛设施建设专业化、配套建设特色化等。冬奥会结束后，有一些场馆设施将作为奥运遗产永久地保留下来，并加以利用，成为对公众免费开放的体育主题公园。

## 本章要点

1. 2022年冬奥会是以京张地区冰雪资源为基础，依靠京津冀区域优势举办的高水平国际赛事。
2. 北京、延庆、张家口崇礼的分区，体现了不同项目的发展基础，突出了冰雪项目的自然发展环境。
3. 2022年冬奥会的举办是夏奥会遗产再利用的重要体现。
4. 京张冰雪区域的发展激发了参与冰雪运动的热情，推动了我国“三亿人参与冰雪运动”目标的实现。
5. 2022年冬奥会是我国国家文化、区域文化国际化传播的重要平台。
6. 冬奥设施、文化标识等一系列奥运元素，是中国文化的具体表达。
7. 2022年冬奥会是我国冬奥项目发展千载难逢的机会。

## 复习思考题

1. 如何看待我国冬奥文化？
2. 怎样理解京张不同赛区的功能与设置？

# 第三章　2022 年冬奥会的比赛项目

重点问题

- 冬奥会比赛项目的分类
- 2022 年冬奥会的比赛项目设置
- 如何看懂并欣赏冬奥会比赛

奥林匹克运动会比赛项目分为运动大项、运动分项和运动小项三大类。2022 年冬奥会比赛项目共设 7 个运动大项，15 个运动分项，109 个运动小项，有 7 个小项是将在 2022 年冬奥会新增的项目。

## 第一节　2022 年冬奥会比赛大项介绍

2022 年奥运会比赛项目共设 7 个运动大项，这 7 个运动大项是：滑冰、滑雪、冰球、冰壶、冬季两项、雪车、雪橇。

任何想被列入奥林匹克运动会的比赛项目都要符合一定的标准。例如，要列入奥运会的运动大项的运动项目必须在一定的国家或国际范围内广泛开展，并且是国际奥委会承认的国际冬季单项体育组织所管辖的运动项目。

## 第二节　2022 年冬奥会比赛分项介绍

2022 年奥运会比赛项目共设 15 个运动分项，这 15 个运动分项是：速度滑冰、短道速滑、花样滑冰、冰球、冰壶、越野滑雪、跳台滑雪、北欧两项、高山滑雪、自由式滑雪、单板滑雪、冬季两项、雪车、钢架雪车、雪橇。

2022 年冬奥会比赛项目在韩国平昌冬奥会的基础上，新增了 7 个比赛小项，届时总共将产生 109 枚金牌。

## 一、速度滑冰

速度滑冰是以冰刀为工具在冰上进行的一项竞速运动。早在 11—12 世纪就有关于将动物骨骼绑在脚上然后在冰面上快速移动的记载，1924 年速度滑冰正式成为冬奥会比赛项目。

国际性比赛的跑道周长为 400 米，包括直道和弯道。比赛时，内道的选手需要佩戴白色臂章，外道的选手则需要佩戴红色臂章。速度滑冰的冰刀由合金材料制成，刀长刃窄，刀刃笔直；速度滑冰的眼镜用于保护选手的眼睛，避免风和冰块对运动员造成伤害。

速度滑冰要求运动员采用协调、省力的全身动作快速滑完规定距离，它的技术包括直道滑行、弯道滑行、起跑技术和摆臂动作等。

在规则方面，每组由两名选手参赛，通过抽签决定各自道次。为了保证两人的滑行总距离相同，每圈过后两位选手在交换区互换内外道位置。集体出发项目的比赛，场地不分内外道。队员从同一区域出发，每排最多站 6 人。比赛排名以最终的滑行时间决定。

在速度滑冰比赛中，运动员们如闪电一般在赛场上竞速。运动员在如此高速比赛中展现优美的运动姿势，合理地运用战术，比赛场面非常精彩。观看比赛时观众要保持安静，以免影响运动员的节奏与判断。此外，观众应避免使用闪光灯，以免影响运动员的视线，产生严重的后果。

速度滑冰

## 二、短道速滑

短道速滑是在长度较短的跑道上进行的一项冰上竞速运动。短道速滑起源于加拿大，1992 年正式成为冬奥会比赛项目。

短道速滑比赛场地的大小为 30 米×60 米，每圈跑道长 111.12 米。比赛时，所有运动员都必须穿戴头盔、手套、护腿、比赛服、护膝、冰刀、护颈。头盔形状不能有凸起；手套应为皮革或不含羊毛的合成材料制成的连指手套；护腿应由防扎、防割、耐用材料制成；比赛服为长袖长裤的连身比赛服；冰刀管必须是封闭的，至少有两点固定在鞋上。

与速度滑冰相比，短道速滑有着丰富的战术体系，更考验运动员临场处理问题的能力以及团队之间的战术配合。它的技术包括起跑技术、直道滑行技术、弯道滑行技术、冲刺技术和超越技术。

在规则方面，个人比赛采用淘汰制，首轮站位通过抽签决定，其后各轮均按照上一轮比赛的成绩分配道次，成绩优者排在内侧。每轮每个小组前 2～3 名进入下一轮，直至决赛。接力赛分为半决赛和决赛，每队 4 名队员，每支队伍可以自己安排每个队员滑多少圈。通常，一个队员一次不会超过 1.5 圈，但最后两圈必须由同一个人滑完。比赛排名均以最终的滑行时间决定。

在短道速滑比赛中，运动员高超的滑行技巧、稳定的平衡能力及团队的完美配合，能够吸引观众眼球，给人以震撼！

短道速滑

## 三、花样滑冰

花样滑冰是综合了滑冰、舞蹈和音乐的运动，它诞生于 18 世纪的英国。在 1924 年首届冬奥会上，花样滑冰被列为正式比赛项目。

花样滑冰的比赛场地近似长方形（四个角是弧形的而不是直角），最常见的规格是长 60 米，宽 30 米。运动装备有冰鞋、冰刀和滑冰服。

花样滑冰要求运动员在音乐伴奏下，表演各种技巧和舞蹈动作，主要有跳跃、旋转、托举、步伐及转体。

在规则方面，单人滑比赛要求运动员在规定时间内完成一套短节目和自由滑的编排。双人滑由一男一女配对进行，比赛安排与单人项目相同，但短节目中每个动作只做一次，重复做扣分。冰上舞蹈由一男一女配对参赛，有规定舞、创编舞和自由舞三部分。花样滑冰团体赛中，只有短节目/短舞蹈排名前五的选手才能进入自由滑/自由舞的角逐。选手的出场顺序按照世界排名倒序排列，高者后出场。裁判员根据运动员的技术动作和艺术表现分别给予评分。第一名积 10 分、第二名积 9 分、第三名积 8 分，以此类推，得分多者名次领先。在花样滑冰比赛中，运动员娴熟的滑冰技术、双人滑中的绝妙配合是绝佳看点。

花样滑冰

## 四、冰球

冰球运动是两队运动员在设有界墙的冰场上滑行，用球杆争夺、控制并击打一个橡胶扁圆球，最终将球射进对方球门的运动。该项目起源于 19 世纪五六十年代的加拿大。从 1924 年开始，冰球成为冬季奥运会的主要项目之一。

冰球项目的比赛场地长 56～61 米，宽 26～30 米，四周的木质界墙高 119～122 厘米。球场中间有一条 30 厘米宽的中线，将冰场分为前半场（对方球门所在的半场）和后半场（己方球门所在的半场）两个半场。冰球运动的装备主要有冰球、护具、冰球杆、冰鞋。

冰球运动需要运动员具备灵活多变的滑冰技术和灵巧娴熟的曲棍球技术。常见的主要技术有滑跑技术和攻防技术两大类。滑跑技术包括起跑、正滑、倒滑、急停等；攻防技术有控制球、传接球、过人、阻截、抢球等。

在规则方面，冰球比赛共 3 局，每局 20 分钟，局间休息 15 分钟，同一时刻场上每队队员等于或少于 6 名。规则允许防守方用肩、胸和臂部与进攻方发生合理冲撞，但防守队员干扰裁判、抱人、绊人、用冰球杆打人、侮辱对方或干扰对方则属于严重犯规行为。将球射进对方球门得 1 分，得分高者获胜。

冰球运动集技术、体能、平衡能力、强烈的对抗和技战术配合于一身，射球瞬间不可预测，射球成功后的惊喜能燃爆整个赛场。观众应遵守文明观赛的相关规定，不得妨碍或干扰比赛；比赛结束后，要带走身边的垃圾和杂物，有序离场。

冰球

## 五、冰壶

冰壶是在冰上以两支球队对抗的形式将目标投掷到特定位置的运动。该项运动最早可追溯到 16 世纪的苏格兰，1998 年正式成为冬奥会比赛项目。

冰壶比赛场地是一个长 45.72 米、最大宽度为 5 米的冰道。赛道两端各有一个由 4 个同心圆组成的大本营。冰壶的装备包括冰壶、比赛用鞋和冰壶刷。

从规则方面看，男、女冰壶项目每队各由 4 人组成，每名队员有两次掷壶机会。各队按领队员、二垒队员、三垒队员和四垒队员的顺序，交替投掷冰壶。一人掷壶时，本方其他两人作为刷冰员在冰壶前方快速擦刷冰面，以使冰壶到达目标位置。过圆心线后，本方队员不得再擦刷冰面，但对方的队员可在冰壶的前面擦刷冰面。比赛共进行 10 局。混合双人冰壶由一男一女组成，比赛设置 8 局。前 4 个冰壶不允许击打，只有从第 5 个冰壶开始才可以进攻。最后根据冰壶停留位置距离营垒圆心远近计分，每壶 1

分，积分多的队获胜。

冰壶比赛场上运动员精湛的技术、精准程度和战术安排是一大看点。队员在投掷前，需要相对安静的环境，以冷静思考并做出判断。所以，通常在队员投掷完成后，观众方可鼓掌。此外，场上光线变化也会影响队员的思考与动作，所以，现场的观众在照相时一定要关掉闪光灯。

冰壶

## 六、越野滑雪

越野滑雪是借助滑雪用具，滑行于山丘雪原的运动项目。越野滑雪诞生于人们的出行和狩猎需求。1924 年，越野滑雪正式成为冬奥会比赛项目。

越野滑雪场地由开始区、赛道、更换区、接力区、结束区组成。主要装备有滑雪板、滑雪杖、滑雪服、滑雪鞋、固定器、护目镜、手套等。

越野滑雪项目有传统技术项目和自由技术项目两种。传统技术包括交替滑行、双杖推撑滑行、滑降、转弯技术和无滑行阶段的八字踏步。自由技术指运动员可以采用的任何技术动作。

在规则方面，个人计时赛采用间隔单人出发。集体出发赛与追逐赛均是选手抽签决定道次，同时出发。追逐赛的前半程采用传统技术，后半程为自由技术。接力赛中，各队第一名队员同时出发，之后以接力方式进行，前两名队员采用传统技术，后两名队员采用自由技术。比赛结束后计算各选手所用的时间，以最短者为胜。越野滑雪是一项完美展现运动员的技术、力量、耐力和运动精神的冬季运动，具有很强的观赏价值。比赛前，观众应将手机关闭或设置为静音状态；比赛时，观众只能在栏杆以外欣赏比赛，不能出现在赛道的任何地方。

越野滑雪

## 七、跳台滑雪

跳台滑雪是一项需要运动员脚穿特制的滑雪板，沿助滑道加速下滑，再借助已获得的高速度与运动员自身的弹跳力纵身跳向空中并飞行 4～5 秒，最后落在雪坡上的运动。跳台滑雪源自挪威，最初是处罚犯人的一种方式，后来逐渐变为一项体育运动。从第一届冬奥会起，跳台滑雪便被列为比赛项目。

跳台滑雪的跳台包括助滑坡、跳台、着陆坡、终止区等部分，装备有头盔、滑雪镜、滑雪手套、滑雪服、滑雪鞋、滑雪板和固定器。

跳台滑雪由助滑、起跳、空中飞行和着陆四个动作组成。助滑是用来获得最大初速度并延长空中飞行距离的必要手段；起跳时机的掌握、优美的空中飞行姿势以及漂亮的着陆均是获得高分的关键。

在规则方面，标准台个人项目（男子及女子）应从资格赛中选出 40 名选手，并与世界排名前十的 10 名选手一同晋级决赛。决赛共有两跳，第二跳将根据第一跳的成绩从低往高依次进行比赛。大跳台男子个人项目与标准台个人项目规则一样。大跳台男子团体比赛共分为两轮，每队四名队员得分之和为团体总分。五名跳台滑雪裁判员会根据运动员的飞行距离和完成姿势判分，比赛总分为两者之和，分数越高，名次越靠前。

跳台滑雪运动能够给观众带来精彩的视觉享受。与此同时，跳台滑雪也是一项非常惊险的比赛，非常细微的干扰都会影响运动员的发挥。因此，在观赏比赛时，观众应关闭手机和相机等拍摄设备的闪光灯，选手平稳落在赛道中时，可以鼓掌和喝彩。

跳台滑雪

## 八、北欧两项

该项运动因起源于北欧而得名，又被称作北欧全能，是由跳台滑雪和越野滑雪组成的混合比赛项目。1924 年首届冬季奥运会上，北欧两项正式成为比赛项目。

北欧两项的比赛场地、装备及技术动作与越野滑雪和跳台滑雪相同。

北欧两项是冬奥会上唯一没有女子参赛的项目，主要包括个人标准台加 10 公里越野滑雪项目、个人大跳台加 10 公里越野滑雪项目、团体大跳台加 4×5 公里越野滑雪接力项目。其中，个人标准台加 10 公里越野滑雪项目要求运动员第一天参加标准台的跳台滑雪比赛，每人跳两次，以姿势分和距离分计算运动员的总成绩。次日，运动员按第一天排名顺序依次出发进行 10 公里越野滑雪。个人大跳台加 10 公里越野滑雪项目要求运动员第一天进行 120 米高跳台滑雪，只有一跳的机会，其他赛程与规则与“个人标准台加 10 公里越野滑雪项目”相同。团体大跳台加 4×5 公里越野滑雪接力要求 4 位运动员第一天进行标准台的跳台滑雪比赛，每位运动员跳 2 次，每跳都会由裁判给出姿势分和距离分，所有得分加总。第二天各团队运动员进行越野滑雪比赛，第一天成绩最好的一队最先出发，之后的队伍要根据第一天的成绩与最好的队伍得分之差，换算出发时间间隔，以第 4 棒运动员到达终点的顺序排定名次。最早到达终点的就是优胜者。

北欧两项中的跳台滑雪是危险系数较高的项目，当运动员在空中做动作时，观众不可大声呼叫及鼓掌助威，不可翻越到栏杆内，以免对其产生干扰。但当选手平稳落在赛道中时，观众可以鼓掌。无论比赛结果如何，观众应尊重场上队员、尊重裁判。

北欧两项

## 九、高山滑雪

高山滑雪是运动员使用固定在后脚跟装置的滑雪板，顺着雪坡向下滑行的竞速运动。高山滑雪起源于阿尔卑斯地区，所以又名阿尔卑斯滑雪。至少一万年前，滑雪已经成为人们的一种出行方式。1936 年，高山滑雪被列为冬奥会正式比赛项目。

高山滑雪场的选择应符合雪质、积雪期、温度、海拔、风速及足够落差等自然条件的要求。同时，要保证建设前期的投资和后期的养护。运动员的主要装备有滑雪板、滑雪鞋、固定器和滑雪杖。

高山滑雪包括男女全能、滑降、回转、大回转、超级大回转和男女团体项目。主要有旋转、侧滑、快速下降、转弯等技术动作。选手在下滑过程中必须穿越相应的旗门，错过任何旗门，都必须返回穿越，否则成绩无效。高山滑雪的出发顺序通过抽签决定，单人项目比赛均为单人出发，团体项目则是两人同时出发。出发前，运动员头戴出发号码布，所穿运动服上有正式铅封标志。比赛根据总时间决定胜负。

高山滑雪往往选在风景美丽的雪山上进行。皑皑白雪覆盖下的高山、苍松、蓝天、白云和清新的空气，给人美的享受。滑雪场地落差极大。运动员一跃而下挑战大自然的精神摄人心魄，给人带来的是速度与激情的视觉盛宴。

为了保证运动员和观众的安全，观众只能在挡网以外观看比赛。与此同时，观众应保管好自己的物品，以免掉落赛道内影响运动员比赛，甚至对运动员造成意外伤害。

高山滑雪

## 十、自由式滑雪

自由式滑雪是选手们在斜坡上自由滑降，通过表演空中技巧来比拼艺术性的项目。自由式滑雪起源于美国。1992 年被列为冬奥会比赛项目。

自由式滑雪项目（男、女）主要设有空中技巧、雪上技巧、障碍追逐、U 型场地技巧、坡面障碍技巧、大跳台六个小项。此外，还设有男女混合项目——空中技巧混合团体。与比拼速度的高山滑雪不同，自由式滑雪最大特征是能欣赏到选手们华丽的空中技巧，如转体、翻滚、旋转、腾空、着陆等。

从规则方面看，空中技巧项目的成绩由动作技术（起跳、空中动作、落地）和难度系数组成，赛制以淘汰制为主。雪上技巧项目比赛成绩由裁判给出的滑行技术分（60%）、空中动作分（20%）和滑行速度成绩（20%）之和来决定。障碍追逐是集体出发进行比赛的项目。在首轮通过计时决定资格后，前 2 名或前 3 名进入下一轮，直至决出全部奖牌。U 型场地技巧项目和大跳台项目均由 5 名裁判打分，取平均值。得分高者胜出。坡面障碍技巧是裁判员根据运动员整体表现进行打分，根据最好成绩决定排名。大跳台则是裁判员根据运动员整体表现进行打分，决赛中根据两轮比赛最好成绩之和进行排名。

自由式滑雪项目中，运动员腾空高度一般会在 13 米左右，接着还要在空中完成高难度动作，这是比赛最精彩的部分。观众在观赏精彩比赛时，要注意适时鼓掌与喝彩，关闭手机和相机等拍摄设备的闪光灯，以免影响运动员的注意力。

自由式滑雪

## 十一、单板滑雪

单板滑雪又称滑板滑雪，比赛中运动员使用一个滑雪板，利用身体，尤其是双脚来控制运动方向。单板滑雪起源于美国，该项目于 1998 年首次进入奥运大家庭。

单板滑雪（男、女）主要有平行大回转、U 型场地技巧、障碍追逐、坡面障碍技巧、大跳台五个小项。另外，还设有男女混合项目——障碍追逐混合团体。装备包括滑雪板、固定器、雪靴、防寒服、手套、头盔、护肘等。

在平缓坡度上滑行时，选手应微蹲在单板上。前脚用力，利用单板的弹力带动后脚跳起。空中滑行时，单板应放平，选手需将膝盖抬到胸部。落地时，两脚同时着地，单板保持平衡。

从规则方面看，平行大回转正式比赛时，选手抽签决定对手，每两人一组，在平行赛道上进行两次比赛，第二次比赛要交换赛道，率先抵达终点的选手取胜。U 型场地技巧比赛共有两轮预选赛，首轮预选赛决出 6 个直接晋级决赛的名额。其余选手参加第 2 轮预选赛，同样产生 6 个决赛名额。最后，12 名选手进行两轮决赛，每位运动员以任意一轮最好成绩作为最终成绩。障碍追逐比赛首先通过资格赛确定参加决赛的人数及名单，决赛采用 50%淘汰的形式决出晋级者。坡面障碍技巧比赛使用百分制评分体系，最终得分为所有裁判给出分数的平均值。大跳台比赛中，每名运动员有 3 次滑跳机会，其中最好的两次成绩之和决定名次。障碍追逐混合团体比赛由男女运动员共同完成，与障碍追逐比赛一样都是竞速项目。

单板滑雪项目对运动员的技术动作、速度、力量、柔韧、灵巧等方面要求较高，且集运动与音乐于一体，被认为是最具观赏性的比赛项目之一。观赛时，观众应远离赛道；遵守赛场秩序，保持赛场整洁；在运动员成功完成高难度的翻转动作后，应给予热烈的喝彩和掌声。

单板滑雪

## 十二、冬季两项

冬季两项由越野滑雪和雪上射击两个项目结合而成。该项目起源于 18 世纪的斯堪的纳维亚半岛。1960 年，该项目成为冬奥会比赛项目。

冬季两项男、女个人赛项目场地长度分别为 20 公里和 15 公里。短距离项目比赛中，男、女滑行距离分别是 10 公里和 7.5 公里。追逐赛中，男、女赛程分别是 12.5 公里和 10 公里。接力赛男选手滑行 4×7.5 公里，女选手为 4×6 公里。集体赛中，男、女选手分别要进行 15 公里和 12.5 公里的比赛。此外，2022 年冬奥会还设置了混合接力（女子 2×6 公里，男子 2×7 公里）。主要装备有滑雪鞋、滑雪服、滑雪杖和步枪。

冬季两项的越野滑雪部分与越野滑雪项目的技术和规则相同，雪上射击部分的技术主要有卧射、立射两种基本姿势。

从比赛规则方面看，男、女个人赛选手之间间隔 30 秒逐个出发，男子每滑行 4 公里射击 1 次，女子每滑行 3 公里射击 1 次。如果选手有 1 发子弹脱靶，那么其最终用时将在实际用时之上再加 1 分钟。短距离比赛也采用单人出发，选手需要射击两次，每次 5 发子弹。追逐赛中，所有选手在比赛中都要进行 4 次射击，每次 5 发子弹。集体出发赛选手要滑行 5 圈，射击 4 次，每次 5 个目标。其中，短距离、追逐赛和集体出发赛中，选手每脱一靶，将被罚滑行一个 150 米长的圈道。比赛结果根据到达时间和射击情况决定。冬季两项既要求运动员有滑雪的运动能力，又要求有射击的专注能力，因此比赛极具欣赏性。

冬季两项

## 十三、雪车

雪车是运动员乘坐雪车在冰上滑行，并利用舵和方向盘进行操控的项目。该项目 1924 年成为冬奥会正式比赛项目。

雪车项目规定滑道长度为 1 200～1 650 米，平均倾斜度为 4～8 度，弯道半径在 20 米以上。雪车由主船体、车架、前后桥和两套独立的钢轮组成，主船体方便运动员就座。车底前部有一对舵板和上面的方向盘相接，车底后部则有一对固定平行滑板，车尾装有刹车。比赛装备有护肘、护肩、专用钉鞋、头盔和比赛服。

雪车的滑行技术包括起动方式、滑行控制方式、终点姿势等。运动员在起点处推动雪车并逐个跳上雪车中的座位。前座的选手负责掌舵，最后座的选手负责刹车。抵达终点时，运动员均须坐在座位上，否则成绩无效。

从规则方面看，雪车项目分为女子双人、女子单人、男子双人、男子四人四个小项。每项的赛期均是两天，每天进行两轮。首轮抽签决定出发顺序。从第二轮起，上一轮排名最后者率先出发，顺次下排。出发前，雪车须停放在距离起点线 15 米处。在规定距离中滑行用时少者获胜。

雪车在高速滑行的时候，速度是非常惊人的，风驰电掣般的行驶会让观众大饱眼福。此外，团队成员的分工与配合是比赛中的亮点。雪车比赛在室外举行，观众席也多设在终点处，当运动员抵达终点缓冲区时，观众可以为自己喜欢的队伍加油呐喊。

雪车

## 十四、钢架雪车

钢架雪车是选手保持头朝前姿势，用肩膀和膝盖来控制方向，俯卧在钢架雪车上沿冰道滑行的运动。该项目起源于 19 世纪的瑞士圣莫里茨，并在 1928 年和 1948 年两届冬奥会上作为比赛项目。2002 年，钢架雪车在盐湖城冬奥会上被重新恢复为正式比赛项目。

钢架雪车的比赛赛道长 1 200～1 650 米，平均倾斜度为 4～8 度。赛道设有 14～22 个弯道。钢架雪车前后有两个软垫充当减震器，以保护选手免受滑道壁撞击。两侧各有一个把手，选手用它来助推以及在运动中调整滑行姿势。钢架雪车与地面相接触的部分被称为钢刃，根据规则，钢刃上不能有涂装或其他可加热增速的设计。该项目比赛装备包括鞋、头盔、比赛服和手套。

钢架雪车的主要技术包括起跑姿势、橇上姿势、终点姿势等。钢架雪车用助跑起跑，橇上姿势是俯卧身体，头在前、脚在后，终点姿势依然是俯式，腹部不能离开钢架雪车。

从规则方面看，在出发信号灯亮起后的 30 秒内，选手必须完成出发。出发时选手将钢架雪车向前推，经过加速再跳上钢架雪车，然后滑行。一切出发动作须由选手自行完成。最后通过终点时，选手必须在钢架雪车上。比赛分为两轮，在同一天进行，第一轮出发顺序由抽签决定。第一轮排名在前二十的男选手和前十二的女选手晋级第二轮。第二轮比赛中排名最后的选手先出发，依次排下去。两轮比赛成绩相加，时间少者名次在先。

钢架雪车要求选手在高速运行中利用身体姿势操纵雪车，迅疾驰向终点。它能体现运动员的身体、钢架雪车、速度三者合一的魅力，给观众带来较大的视觉冲击和强烈的观赏体验。

钢架雪车

## 十五、雪橇

雪橇是运动员通过身体姿态的变换进行操控，并沿着具有一定坡度的槽状冰道快速回旋滑降的运动。雪橇起源于挪威，1964 年正式成为冬奥会比赛项目。

雪橇比赛的男子项目赛道长为 1 000～1 350 米，女子项目赛道长为 800～1 200 米，滑道整体呈 U 形。为了防止雪橇飞出滑道，其两侧的护墙高度不得低于 50 厘米。驾驶雪橇的技术相当复杂，但相关装备并不多，主要有雪橇、手套、头盔、比赛服和脚套。

出发时，选手坐在雪橇上，凭借起点栏后助推起动并加速。滑行中，选手脚在前，头朝后，躺在雪橇上，单手拉住雪橇上的皮带，通过变更腿、肩姿势和身体起卧控制雪橇。

从比赛规则方面看，个人赛进行两天，共 4 轮，每天滑 2 轮。首轮出发顺序由抽签决定，之后的出场顺序由上一次成绩决定，第一名最后出发。4 次滑行成绩相加得到总成绩。双人比赛一天共进行 2 轮。2 次滑行成绩相加得到总成绩。到达终点时，选手必须在雪橇上，否则成绩无效。比赛用时少者排名在先，成绩相等时，则会以任何一次最快时间完成的一队为优胜。

运动员在快速滑行中利用身体起卧、变换肩腿姿势操纵雪橇，无不体现着冬奥会赛场上的速度与激情。由于户外风大，现场观众应营造良好的比赛环境，避免带塑料袋等轻质物体观赛，以免吹落到滑道，影响运动员比赛。

雪橇

## 本章要点

1. 冬奥项目随冬奥会发展逐步成熟，项目设置日益丰富。

2. 冬奥项目大体分为冰上项目、雪上项目以及滑行项目三大类别，从项目数量上看，雪上项目数量最多，其次分别是冰上项目和滑行项目。在男女项目设置方面，男子项目多于女子项目。

3. 冰雪项目是借助不同装备进行的运动，不同项目的场地、设备各有特点。

## 复习思考题

1. 冬奥项目日益发展的背后动因有哪些？

2. 冬奥项目设置有哪些规律？

# 第四单元　冰雪运动的礼仪文化

## 第一章　体育的礼仪文化与冬奥会的观赛礼仪

**重点问题**

- 体育运动礼仪文化的内涵
- 提高体育礼仪的途径
- 冬奥会观赛礼仪

从文化学的角度讲，体育是一种特殊的社会文化现象。体育有自身的独特规律和科学内涵，在运动规则和规范中内含了体育的价值观和伦理取向，同时，体育赛场既是展示体育文化的平台，也是显示当地社会文化的媒介。体育系统内的文化和在体育赛场所展示的社会文化是体育的重要组成部分，其中，体育自身的礼仪和观众在赛场表现出来的礼仪水平是评价体育赛事成功与否和赛事主办地国民素质的重要指标。

礼仪是人们在社会生活中应该遵守的行为规范。我国是世界文明古国，礼仪文化源远流长。本章将介绍在活泼灵动的体育赛场什么是合乎礼仪的行为，如何提升自己的礼仪修养以在北京冬奥会的赛场彰显我国国民的礼仪风范，以及冬奥会的观赛礼仪。

### 第一节　体育礼仪概述

了解体育礼仪的内涵是提高体育赛场礼仪素质的前提，理解体育礼仪的价值能明晰体育礼仪的道德取向，体育礼仪的教育是实现体育礼仪行为的必要条件。

## 一、体育礼仪的内涵

我国著名礼仪研究专家金正昆先生认为：“礼仪是对礼节、仪式的统称，是指人们在社会交往中共同遵守的行为准则和规范。”在这个概念的基础上，我们可以将体育礼仪理解为：体育礼仪是指在体育运动或比赛中参与者，包括参赛运动员、现场观众、管理人员和服务人员等，都应该遵守的礼节和仪式等活动的规范，是参加体育活动中的人应该共同遵守的行为准则。

作为具有 5 000 年文明积淀的文明古国，我国自古以来比较注重礼仪，在生活中处处提倡人与人之间以礼相待。在古代“礼”和“仪”代表不同的含义，“礼”在古代是指人们祭祀的仪式，体现人们对上天和祖先的敬重，后来“礼”从宗教仪式的殿堂进入了社会生活，成为人们日常行为规范；“仪”是指人的外表或者行为按照一定的程序要求进行的礼节。简言之，“礼”是行为的规范，“仪”是规范的外在表现。

体育运动中的礼仪就是履行体育运动中之礼的仪式。在世界上影响最大的体育运动莫过于奥运会，那么，奥林匹克运动会中的“公平”“参与”“更快、更高、更强”等理念就是体育运动之礼，是参与体育运动时众多参与者所要践行的礼仪之源。

体育运动是人们文化生活的重要组成部分，因此，在践行体育运动礼仪时，参与者的生活中最基本的礼仪规范是体育礼仪的社会背景，只有将体育礼仪融入基本礼仪规范中，才能使体育礼仪不脱离基本的文化传统，在参与体育活动中不至于出现尴尬的场面。

## 二、体育礼仪的价值

体育是社会文明的结果，体育是社会进步的象征。体育运动礼仪文化在体育运动中具有重要的意义，它能规范参与其中的人的行为，避免粗野的、脏乱的举止玷污赛场，让体育赛场秩序井然。对于国家、集体和个人而言，体育礼仪非常重要，只有了解运动中的礼仪规范，才能在各项运动中进退有度，不至于在交往中出现差错或尴尬的情形，损害民族和个人形象。体育礼仪的价值主要体现在以下几点：

第一，促进国民素质教育，展现国家文明形象。

体育运动礼仪属于道德和公民素质的范畴，对国民进行体育运动礼仪的教育，可以提高公民的素质和道德意识，规范公民在参与和观看体育赛事过程中的行为举止，促进精神文明建设。例如，2008 年北京奥运会前，为了规范大众的观赛行为，相关部门对我国大众，特别是北京居民进行了各种形式的文明观赛教育，这对于提高大众的道德意识和公民素质，规范大众观赛行为，减少不文明举止起到了非常重要的作用，使得世界对我国社会发展的文明程度具有了重新的认识。

从奥林匹克运动的角度讲，体育运动是一个国家政治、经济、文化等社会各领域发展的一个缩影，奥运会是展示社会发展的大舞台。因此，在奥运会期间每个参与者都是自己国家的一张名片，其行为不仅代表个人，而且代表着自己国家的形象。在奥运大舞台上举止得体，不仅能促进国人与外宾的交往，而且会给外宾留下难忘的文明体验；如果观众在奥运大舞台上的表现不文明，甚至和外宾发生矛盾冲突，其影响将超越个人的范围，损害国家形象。

第二，减少矛盾冲突，协调人际关系。

在奥运会期间，来自不同国家和地区的人们聚集在一起，人员密集，人际交往活跃。但是，由于风俗和文化背景各不相同，在交往过程中很容易产生文化冲突，甚至演化为行为冲突。运动中的礼仪文化会约束运动员和观众的行为，降低这些冲突的频率和烈度。随着世界全球化的进程和奥林匹克运动的普及和推广，奥林匹克运动已经成为一种世界文化，运动中的礼仪文化也已经成为全世界共享的文化，这种共享文化为人们的交流和沟通架起了桥梁，促进了不同国家人群的交往，协调了相互之间的关系。例如，运动员对于比赛中的规则的掌握、理解和执行，可以规范运动员的比赛行为，使其知道什么行为是被允许的，什么行为是被禁止的。在礼仪文化基础上确立友谊第一和尊重对手的思想，可以协调体育运动中的人际关系，减少矛盾冲突。

第三，维持比赛正常秩序，保证比赛顺利进行。

运动中的礼仪文化对于维持比赛秩序具有重要的意义。礼仪文化使运动员、裁判员、教练员、观众等不同人群的行为程序化、规范化，礼仪还能缓解在体育竞技的激烈竞争中的过激情绪，保证比赛顺利进行。如在排球比赛中，运动员比赛前跟随裁判入场，入场后双方队员要相互握手致意，这种约定俗成的礼仪使得他们知道如何在场上向对方表示友好。而且，“握手”这种大家共同遵循的致意的方式也减少了不同国家采用不同见面礼仪所产生的混乱，节约了时间，使他们不必考虑如何向对方表示欢迎和尊重，减少文明冲突。

## 三、我国体育礼仪教育的紧迫性

许多比较流行的现代体育运动源自西方，以英国和美国为主，因此很多现代体育运动礼仪也来源于西方。现代体育运动在我国快速发展起来均在新中国成立以后。所以，很多体育运动项目在中国普及时间并不是很长，我国大众对于体育运动礼仪并不是很了解。

### （一）重大体育赛场失仪事件回顾

我国对于大众体育运动礼仪的研究、宣传、教育机构比较少，除了配合一些大型体育赛事，由相关政府部门组织的体育运动礼仪培训机构以外，几乎很难找到对大众进行体育运动礼仪培训的机构。因此，我国大众的体育运动礼仪知识仍然相对匮乏，体育运动中的失仪行为频发。

目前来看，我国体育赛场最严重的一次赛场骚乱出现在足球比赛赛场。1985 年 5 月 19 日，中国队在北京主场迎战中国香港队，中国队打平就能出线，但最终以 1∶2 输掉了比赛，失去了晋级下一阶段比赛的机会。现场约 8 万名球迷都是乘兴而来，以为赢球是板上钉钉的事，出现这种结果他们不能接受。他们开始破坏球场内的设施，拦截比赛球员，甚至对外国人进行袭击，并要求足协主席出来对话。球迷们随后冲出体育场，对沿街设施大肆破坏。警察抓捕了 127 名闹事的球迷，才使得混乱局面得到控制。

在此事件中，由于有一些外宾的财产受到损失，很多国外媒体都对此次事件进行了报道，在国际上造成了不良影响。后来该事件被我国政府认定为“有组织的破坏活动”，但国外媒体却调侃说“中国终于和世界接轨了”，因为当时球迷暴力事件在欧洲赛场上也是屡屡发生。

赛场不文明现象与我国体育运动礼仪教育的缺失不无关系。根据我国一些学者的研究，我国很多青少年的体育参与状况不佳，更缺乏运动礼仪的教育。他们对体育规则不了解，对体育礼仪和观众应该遵守的礼仪也不清楚，在看台来回走动、照相时不关闭闪光灯、不合时宜的鼓掌等不文明的行为严重影响体育比赛。当现场出现突发状况，或出现与预期相违的比赛结局时，观众不能正确看待比赛的胜负，管理不好自己的情绪，最终导致的是赛场的失仪、不文明甚至骚乱。对民众进行体育礼仪的宣传和教育是我国体育健康发展的必要举措。

### （二）北京奥运会的体育礼仪教育

国人普遍关注体育运动礼仪始于 2008 年北京奥运会。当时，北京奥运会测试赛、斯诺克台球比赛和其他赛事出现了不文明行为。例如，运动员在比赛中为了取胜，不惜故意运用规则不允许的、能对对手产生人身伤害的攻击性行为，对裁判判罚不满的辱骂行为等。观众在观赛过程中也经常出现一些不文明行为，例如，对比赛产生不满情绪而经常出现的“国骂”行为，由于支持的球队输球而出现的球迷骚乱等。这些不文明的行为严重妨碍了比赛的顺利进行，对社会产生很大的不良影响，也让大家为北京奥运会的赛场和观众席担忧。

为了给 2008 年北京奥运会创造良好的观赛氛围，减少大众在观赛过程中出现的不得体的行为，展现我国大众文明风貌，北京奥组委和北京市政府等相关部门对大众进行体育运动观赛的礼仪教育，为大众了解观赛礼仪打下了良好的基础。当时的礼仪教育活动很丰富，例如，出版体育观赛及礼仪的图书、进行文明观赛的讲座和宣讲、推出文明观赛倡议活动等。2008 年北京奥运会掀起了一个文明观看奥运会比赛、争做文明北京人的热潮。

北京成功申办冬奥会后，由于国人对于冬季冰雪运动项目不是很了解，冬奥会的赛场和观众席将面临一个更严峻的挑战。因此，加强对体育运动礼仪的宣传和推广，使更多人了解体育运动参赛和观赛的礼仪，提高大众礼仪意识，规范大众体育运动参赛和观赛行为就显得尤为重要。

## 四、提高体育运动礼仪的途径

提高体育运动的礼仪文化主要依靠以下几条途径。

第一，注重大众生活中的礼仪宣传。

体育运动是人们生活的一部分，体育运动礼仪也是生活礼仪的一部分，运动中的待人接物本身也是一种生活礼仪。因此，生活中的相关礼仪的教育和培养，例如基本人际交往的礼仪培训等教育活动对体育运动中的举止文明起到积极的引导作用。生活中的礼仪是为了行为得体，体现对别人的尊重，如果对国民进行相关的礼仪教育，使人际交往过程礼仪化，也会将生活中的礼仪思维和礼仪行为迁移至体育运动赛场，提升观众体育礼仪的认知和行为水平。

第二，鼓励大众的赛场参与，在实践中收获体育运动礼仪的赛场体验。

很多的行为规范讲千百遍不如身体力行体验一次。例如，观看一次乒乓球比赛，作为观众可能就会明白什么叫适时加油，如果在运动员发球时观众大声呐喊，可能会对运动员技术发挥造成困扰；再例如，在运动赛场，可能对对面的热情观众照相时用闪光灯印象深刻，因为那样可能会使运动员的眼睛出现短暂的失明，导致运动员受到影响而产生失误。如果能观看一次比赛，就会对迟到的观赛者可能挡住观赛视线的行为、旁若无人的手机接听者所制造的噪声等不文明行为印象深刻，从而对上述行为形成正确的价值判断，自觉地避免自身重犯同样的错误。

因此，在现实中参赛或者观赛对大众体育运动礼仪教育非常重要，它可以使参与者深刻认识体育运动中的不文明行为对运动员和观赛观众产生的不良影响，从而杜绝类似行为的发生。

第三，青少年学生应该认真学习体育运动礼仪。

学生时代是人形成世界观、价值观的关键时期，在这个年龄段对其进行运动礼仪的教育可以起到事半功倍的效果。因此，应该鼓励在大中小学大力推广和普及体育运动礼仪教育，为未来培养更多的体育赛场和观众席上的“绅士”。体育课是培养体育礼仪的重要阵地，在教学中要对学生进行参赛礼仪教育，使学生做到身体力行，尊重体育运动中的参与者，文明参赛或观赛，杜绝运动中的不文明行为，这样才符合体育文化的精神实质，也才能保证比赛的顺利进行。

第四，媒体对体育运动礼仪的宣传非常重要。

现代媒体对于人们的思想观念、意识形态影响非常大。随着新媒体的崛起，人们接触信息的渠道增多。因此，通过新媒体加强体育运动礼仪的宣传变得越来越重要。现代的体育运动和媒体的联系紧密，一些大型的体育赛事，甚至一些地方赛事、学生的业余比赛都有媒体进行转播，媒体已经成为观众观看比赛的重要渠道。因此，要在转播体育赛事的同时，大力宣传体育运动礼仪知识，对比赛中的不文明现象进行批判，正确地引导人们的体育运动参与行为，使体育运动中的文明意识在大众内心生根发芽。

## 第二节　冬奥会的观赛礼仪

本节重点介绍冬季奥运会观赛礼仪。冬季冰雪运动与其他运动项目相比有其特殊性，冬奥会观众所要遵守的礼仪规范也相应地会有所不同。

## 一、入场礼仪

冰雪运动的入场礼仪和其他体育运动项目有很多相同之处，观众应尽量提前到达。

观众在观看室内冰上项目比赛时，应提前进入比赛场馆，对号入座，不能占据他人座位。如果迟到尽量就近找座位坐好，在比赛的间歇期间再找自己的座位。

雪上比赛项目大都在郊外，所以在观赛前要做好功课，合理选择去赛场的路线，以免因交通拥堵耽误观看比赛。要按照大会的指示牌或工作人员的引导，从观众通道进入。切记不能从赛会安排的观众入口之外的其他地方进入观众区，因为是野外，容易发生危险。观众区域大部分在比赛的终点，并且没有座位。所以，观众站立观赛。要按照先来后到原则寻找合适位置，不要拥挤。

## 二、观看礼仪

观众在观看比赛过程中，主要注意以下几点：

1. 根据比赛项目，保持适度安静

观众在观赛过程中，不要大声喧哗，以免影响他人观赛。特别是一些室内冰上项目，人员座位相对比较密集，观众要相互理解，在交谈时一定要尽量压低声音。

2. 根据比赛项目，适时鼓掌喝彩

在观看冰雪运动时，要根据比赛的进程和需要，适时鼓掌。观看室内冰上项目，应根据比赛的进程鼓掌喝彩，具体包括：当赛场介绍运动员时，可以鼓掌喝彩以示鼓励，当裁判员发令时，观众一定要保持安静，使运动员集中注意力。运动员在完成比赛向观众表示感谢时，观众可以鼓掌喝彩和运动员互动。在观看冰壶比赛时，在运动员投壶之前，思考投壶的技战术、线路选择时，观众要给运动员提供安静的比赛环境，当运动员做出精彩的表现后再鼓掌。冰球运动的赛场比较火爆，观众看到精彩处，可以随时鼓掌喝彩。

雪上项目观众大多是在比赛的终点观赛区，当运动员到达终点时，可以尽情鼓掌喝彩，给运动员以鼓励。在观看一些技巧性表演，如自由滑雪空中技巧项目时，运动员做完动作落地后观众再鼓掌，运动员在完成动作过程中尽量保持安静。

3. 不要进入比赛场地

观众在观看比赛时，不要进入比赛场地。

冰上运动的比赛场地一般都在室内，观众席和赛场有护栏隔离，因此，观众不容易进入比赛场地。

有些雪上比赛项目的赛道隔离网不高，有些长距离比赛项目，如越野滑雪等，有的地方甚至没有隔离网。如果观众进入比赛的赛道，就会干扰运动员比赛。尤其那些速度非常快的项目，如高山滑雪等，如果观众进入场地，就非常容易造成伤害事故，使自己和运动员都面临危险。因此，观众在观看比赛时，不要进入比赛场地。

4. 照相时，不要打开闪光灯

观众在观看比赛过程中，遇到自己喜欢的运动员或者喜爱的场景，都会拍照以留作纪念，这是正常的行为。但是，拍照时一定不要打开闪光灯。冰上运动中，观众和运动员之间的距离比较近，闪光灯容易晃到运动员的眼睛，影响运动员发挥。花样滑冰项目的运动员会有很多空中旋转的动作，如果闪光灯闪到运动员眼睛，运动员在空中的感觉和动作会受到影响，还可能发生危险。

在雪上项目中，如果运动员在高速的滑行中受到闪光灯的照射，短时间可能看不见雪道，这样会非常危险，轻则可能导致运动员滑出赛道输掉比赛，重则可能导致运动员飞出赛道撞到防护栏而受伤。在自由式滑雪空中技巧比赛中，运动员往往需要在高空完成旋转、翻腾等复杂的动作，如果在完成动作过程中被闪光灯晃了眼睛，很可能在完成动作时产生失误，摔倒在赛道上。单板滑雪障碍追逐赛是冬奥会比赛项目中受伤概率最高的比赛项目，在比赛中运动员眼睛受到闪光灯的照射，会出现失误而产生连锁反应，影响整个比赛的进程，甚至会导致很多运动员受到伤害。

5. 爱护环境，不要随地扔垃圾和废弃物

观看冬奥会比赛时，观众不能往赛道上丢弃任何物品，否则将可能导致非常严重的后果。20 世纪 60 年代在美国普莱西德湖进行的一次滑雪比赛中，观众往赛道上扔吃完东西后剩下的包装袋，正在高速滑行的联邦德国运动员为躲避这些飞来物，冲出赛道，撞到了护栏。从此以后，国际雪联要求在场边观看比赛的观众不得将任何物品扔向赛道，以保证运动员的安全。同时，不向场地内扔杂物也是爱护环境的表现，是做文明观众的基本要求。

## 三、退场礼仪

冰雪运动的退场礼仪除前面介绍的体育观赛礼仪的退场礼仪外，还有自身的特殊要求。

冰上项目基本在室内进行比赛，场地内引导人员安排比较到位，在退场时不会出现大问题。雪上比赛项目在野外，场地空间大，引导人员不一定充足，因此，观众在退场时一定不要拥挤，如果拥挤容易产生群体踩踏事故。室外雪场环境具有一定的不确定性，容易滑倒，观众在退场时更要按顺序离场，避免滑倒造成损伤。

## 本章要点

1. 体育运动礼仪文化的意义主要体现在促进国民素质教育和展现国家文明形象、减少矛盾冲突和协调人际关系、维持比赛正常秩序和保证比赛顺利进行。

2. 提高大众体育运动礼仪的途径主要包括注重礼仪宣传、鼓励大众参赛和观赛、注重对学生群体进行体育运动礼仪的普及、注重媒体对体育运动礼仪的宣传。

3. 冬奥会入场服从工作人员安排，不要拥挤。

4. 冬季奥运会观赛礼仪主要包括根据比赛项目保持适度安静、根据比赛项目适时鼓掌喝彩、不要进入比赛场地、照相时不要打开闪光灯、爱护环境不向场地内扔东西。

5. 冬奥会比赛项目观赛，观众一定要注意鼓掌时机。比赛开始前介绍运动员时，可以鼓掌；裁判员发令时不要鼓掌。

6. 冬奥会退场礼仪主要包括不要提前退场、从指定区域退场、带走身边的垃圾。

## 基本概念

体育运动礼仪　观赛礼仪

## 复习思考题

1. 体育运动礼仪文化的意义是什么？
2. 如何提高体育运动礼仪的普及程度？
3. 观看冬季奥运会比赛，拍照时为什么要关掉闪光灯？
4. 如何理解冬奥会赛场上要适时鼓掌？
5. 如何理解观众在观赏完比赛后，一定要按照指示标志或遵照引导人员安排退场？

## 阅读书目

1. 李树旺. 奥运会比赛欣赏与赛场礼仪. 北京：中国戏剧出版社，2007.

2. 李树旺，张磊. 冬奥会项目及观赛指南 [M]. 北京：中国人民大学出版社，2018.

3. 赵红红. 现代体育礼仪. 杭州：浙江大学出版社，2019.

# 第二章　群众性冰雪运动的礼仪文化

**重点问题**

- 我国群众性冰雪运动开展状况
- 群众性冰雪运动参赛礼仪
- 群众性冰雪运动观赛礼仪

在主办冬奥会的背景下，我国大众对冰雪运动的了解和喜爱程度不断增加，随之而来的群众性冬季运动逐渐升温。群众性的冰雪运动大多技术门槛较低，专业性不强，参与度较高，比赛组织和赛时管理比较松散。因此，在群众性冬季运动项目比赛中，对参赛和观赛人员的行为要有一定约束，这样才能保证体育运动的顺利开展。

## 第一节　我国群众性冰雪运动

群众体育是相对职业体育的称谓，包括社会体育、学校体育、社区体育等不同的体育种类。群众性体育活动具有广泛性，以全体国民为对象；群众体育的重点是青少年群体，侧重以学校为主要渠道开展；群众体育的目标是提高大众的健康水平和健康素质，增强人民体质健康水平。

根据群众体育的内涵可知，我国群众性冬季运动主要是非职业的群体参与的冬季运动，比赛的项目基本上是民俗性的冬季运动项目，而非专业的职业化的比赛项目。受地理位置、气候条件以及文化差异影响，我国冬季运动的发展不平衡，东北、西北冰雪资源较为丰富的省市发展比较好，其他地区由于自然条件限制而普及程度不高。

随着我国获得 2022 年冬奥会的举办权，习近平总书记提出“三亿人上冰雪”的目标，国家大力提倡发展冰雪运动，并颁布了很多相关的政策性文件。群众性冰雪运动在很多省份逐渐开展起来。例如，北京市在 2018 年 12 月举行了该市第一届冬季运动会，比赛分为专业组和群众组。专门设立群众组的比赛具有非常重要的意义，在显示该类运动的大众性和趣味性的过程中能吸引更多的人参与其中。参赛者为 6 岁至 60 岁的普通冰雪运动爱好者，总人数达到 4 484 人。比赛中的一些项目都是大众容易掌握、喜闻乐见的项目。例如，比赛的冰壶项目是陆上冰壶，大众比较容易掌握；冰车项目则是北京冬天各大冰场常见的传统活动项目，冰车制作简单，普通大众容易操纵，且充满乐趣。北京市第一届冬季运动会不但吸引了很多人参加，而且吸引了不少社区观众到现场观看比赛，为北京大众参与冰雪运动、获得美好的运动体验提供了非常好的机会，有利于对大众进行冰雪运动的普及。除北京以外，我国一些中部城市甚至最南端的三亚市都在探讨普及群众性冰雪运动的方法，并进行了积极的尝试。

可见，2022 年冬奥会的举办为群众冰雪运动的开展提供了难得的发展契机，借主办冬奥会契机普及冬季冰雪运动是我国政府和广大民众的共同愿景。

## 第二节　群众性冰雪运动的参赛礼仪

群众性冰雪运动的参与群体、项目属性都与正式的冬季运动有很大区别，在运动或比赛中，比赛的组织、服务、安保、裁判等方面人员配备不一定正规和充足，比赛设施和场地不一定规范。因此，在参与群众性运动时，参赛运动员更应该遵守参赛的行为规范。

### 一、以“平常心”参赛，重在参与

群众性冬季运动基本是当地政府、社区或者单位组织的，参与赛事的很多人员大部分是非专业人员。因此，比赛的报名、安排出现一些错误，裁判的判罚有争议时，要和组织人员及时沟通和交流，注意文明用语。遇到问题要有耐心，多理解和包容，不能急躁和抱怨，更不能和组织人员或服务人员产生语言和行为上的冲突。群众性比赛强调的意义主要在于“重在参与”，所以更要以一颗平常心，快乐地参赛。冲突既不利于参赛并取得好成绩，也影响比赛的氛围。

### 二、以诚信保障运动的公平

群众性冰雪运动大多由于大众性、趣味性或随机性的特点，对参赛资格不进行过高的要求。但在有些正式的比赛中，为了保证公平，保证同一类群体同场竞技，会对参赛资格做较为清晰的界定。在要求不太严格的比赛中，运动员应讲究诚信，遵守规程，不能通过提供虚假证明参赛而损害比赛的公正性。

### 三、以理性维护赛场秩序

群众性冬季运动或比赛对观众的行为要求并不严格，很多观众是运动员的家人或朋友，自然带有很强的倾向性。因此，场上运动员与场下观众的互动就显得尤为重要。观众应该尊重双方运动员，文明观赛，运动员也要理性对待观众的一些行为。场内场外的良性互动是尊重比赛的表现，也能保证比赛顺利进行。

冰雪运动的技术难度比较大，即便专业运动员在比赛中也会出现失误，在业余比赛中出现失误是正常的。有的观众在运动员出现失误时会嘲笑运动员，这是不恰当的行为，但运动员一定要理智，不能因为他人的失礼行为而冲动，辱骂或殴打观众，这种恶性循环会毁掉比赛。

### 四、以尊重进行良性竞争

群众性冬季运动或比赛的参与者都是非专业运动员，技术水平参差不齐，因此，运动员要相互尊重，不能因为对手比自己水平低或出现失误而嘲笑对方。如果在对抗激烈的比赛中被对手无意伤到，也要听从裁判判罚，而不应直接与对手进行纠缠甚至谩骂。因不尊重对手而引发的打架斗殴违背运动的性质和初衷。

## 第三节　群众性冰雪运动的观赛礼仪

群众性冬季运动或比赛具有非正式的特点，比赛的服务人员、安保人员都比较欠缺，因此，观众的文明素质、欣赏水平、礼仪规范就显得尤为重要。

### 一、入场礼仪

观众进入冰上运动项目场地观看比赛时，一定要遵守秩序，排队进入观赛区。由于安保和引导人员缺乏，观众更要注意安全，从观众专用通道进入，不要拥挤。要对号入座，不能抢占别人的座位。

观众进入雪场观赛时，一定要观察比赛举办方的指示牌，从正确的入口按秩序进入，不能沿非正式的路线前进，把自己置于危险境况。

### 二、观赛礼仪

1. *学习规则，看懂比赛*

群众性冬季运动不同于奥运会的正式比赛项目，很多都是民间的或民俗性的传统项目。观众在观看此类比赛时，最好对观看的比赛项目有所了解，特别是那些民俗性冰雪运动项目。了解比赛的规则，就不会因为错误的理解而对裁判正确的判罚起哄。

2. *真正为运动的精彩欢呼喝彩*

群众性冬季运动的观众很多是运动员的亲友，在观赛时难免有较强的心理倾向。但群众性冬季运动还有几个重要的特点，就是这种运动或比赛的娱乐性、健身性、交际性等属性。这就要求观众以平常心观赛，除为自己喜欢的人的精彩表现鼓掌，也要为别人的精彩表现欢呼。

3. 不干扰运动员比赛

群众性冬季运动的赛场监管大多不太严格，观众的行为更需要自我规范。在观看对抗激烈的冰雪运动项目时，观众不能因为支持一方而干扰另一方队员。如在一些新闻报道中出现的观众用闪光灯晃对方队员的眼睛，或者用激光笔故意照射对方运动员的眼睛，这样都极大影响了运动员的发挥。用闪光灯或激光笔照射运动员眼睛，会造成运动员短暂的失明，从而导致严重的人身伤害。另外，不能因为想让支持的球队获胜就“嘘”对手，干扰对手的发挥，这本身就是一种不文明的行为。

4. 宽容看待运动员的技术失误

冰雪运动技术难度较大，群众性冬季运动的参与者都是业余选手，出现失误在所难免。因此，观众不能因为运动员在比赛中出现失误而讽刺嘲笑运动员。这样会挫伤运动员的参赛热情。

5. 不要进入比赛场地

群众性冬季运动的比赛场地肯定没有正式的大型比赛场地规范，周围的防护网或者隔离装置不一定很完备，而且安保人员比较少，观众能够轻而易举地进入比赛场地。观众在观看比赛过程中，一定不要进入比赛场地，否则会干扰运动员比赛，甚至导致自己和运动员碰撞而出现伤害事故。

6. 无烟观赛是一种美德

有些民俗性冬季运动虽然是在室外进行，但观众在观看比赛时不要吸烟，否则会对其他观众或运动员造成伤害。如果确实需要吸烟，可以暂时离开观赛区，去指定的吸烟区吸烟，并保持环境的整洁。

7. 保持适度的安静

观众在观看群众性冬季运动比赛时，要保持适度的安静。虽然这些运动有一定的趣味性和游戏性，但在竞速项目发令时，或者运动员思考技战术时，一定要保持安静，否则会影响比赛。

## 三、离场礼仪

群众性冬季运动的赛事安保人员和引导员比较少，观众更应该自觉遵守退场秩序，有序离场，以免因为拥挤而出现踩踏事故。观众退场时应带走垃圾，保持环境清洁。

## 本章要点

1. 群众体育是相对职业体育的称谓，包括社会体育、学校体育、社区体育等不同的体育种类。群众性体育活动具有广泛性，以全体国民为对象；群众体育的重点是青少年群体，侧重以学校为主要渠道开展；群众体育的目标是提高大众的健康水平和健康素质，增强人民体质健康水平。

2. 群众性冰雪运动参赛礼仪主要包括遵守比赛要求、多理解少抱怨、讲诚信、尊重对手、理性对待观众。

3. 群众性冬季运动项目的观赛礼仪主要包括了解规则文明观赛、为运动的精彩鼓掌、不干扰运动员比赛、善待失误者、不要进入比赛场地、禁止吸烟、保持适度的安静。

4. 群众性冰雪运动的退场礼仪主要包括安全第一、有序离场、带走垃圾。

5. 参与群众性冰雪运动主要的目的是娱乐身心，因此，在参赛或者观赛过程中，要把安全问题放在首位。

## 基本概念

群众性体育　群众性冰雪运动

## 复习思考题

1. 承办2022年冬奥会对我国群众性冰雪运动开展具有什么作用?
2. 怎样理解专业冰雪运动与群众性冰雪运动的区别?
3. 怎样理解参与群众性冰雪运动中对对手的尊重?
4. 为什么参加群众性雪上运动赛事入场时要根据引导牌指示进入场地，而不能随心所欲，改变路线?
5. 怎样理解在观看群众性冰雪运动赛事时，要善待失误者?

## 阅读书目

1. 卢元镇. 体育社会学. 北京：高等教育出版社，2010.
2. 李树旺. 奥运会比赛欣赏与赛场礼仪. 北京：中国戏剧出版社，2007.
3. 李树旺，张磊. 冬奥会项目及观赛指南 [M]. 北京：中国人民大学出版社，2018.
4. 赵红红. 现代体育礼仪. 杭州：浙江大学出版社，2019.

# 第五单元　冰雪运动安全知识

## 第一章　冰雪运动及其替代项目的易发运动损伤

**重点问题**

- 冰上运动项目易发损伤情况
- 雪上运动项目易发损伤情况
- 大众冰雪运动替代项目及其易发运动损伤

在北京成功申办 2022 年冬奥会的背景下，大众参与冰雪运动的积极性逐步提高。随着冰雪运动参与人数的增多，冰雪运动带来的问题也逐步显现。运动伤害和运动中的突发事件逐渐引起大家的重视，受伤者轻则摔伤擦伤，重则骨断筋折。本章及接下来的两章将重点介绍冰雪运动中的伤害事故及其救助知识和方法。

### 第一节　冰雪运动损伤

冬季冰雪运动是较易遭遇运动损伤的运动，在参与冰雪运动的过程中一旦发生运动损伤，会直接影响运动员的训练计划和比赛成绩。运动损伤不仅会损害参与者的关节、肌肉甚至是身体重要器官，对参与者的日常生活造成很大的影响，也会使参与者心理受挫进而影响参与冰雪运动的积极性。

对于冰上运动而言，运动损伤发生率较高的项目有冰球、速度滑冰和花样滑冰。这几个项目的速度快、难度大，冰球运动还伴有激烈的身体冲撞。另外一些运动，例如冰壶运动，发生运动损伤的概率就比较低。但是，在长时间的冰壶运动的训练和比赛过程中，腰背部、膝关节和踝关节长时间保持一个高负荷姿势也会造成严重的损伤。冰上运动的损伤主要以肌肉拉伤、劳损、关节扭伤和磨损为主，剧烈的运动项目还会造成撞伤、擦伤和割伤，严重的还会危及生命。

## 一、冰上运动易发损伤

### （一）冰壶

冰壶运动是在冰上进行的一种投掷冰壶的团体性运动项目。在冰冷的冰面上快速地刷冰常会引起腕部损伤、肩肘损伤、急性腰扭伤。投掷冰壶时，长期单脚低重心的支撑用力滑行，常会引起腰部和膝关节的损伤。有些专业冰壶运动员就长期受到膝关节积水的困扰，有些运动员存在各种关节和肌肉的劳损。冰壶运动所造成的损伤，特别是膝伤，是由于在基础训练的时候忽略了体能的训练，忽视了对运动损伤的预防。此外，长期错误的训练方式也会导致运动员关节和肌肉的劳损。在比赛时，身体的伤痛会严重影响运动员对肌肉的控制，对需要非常精准的感觉控制的冰壶项目来说，其影响是非常大的。

### （二）冰球

冰球运动也称为“冰上曲棍球”。冰球是灵活多变的滑冰技术和娴熟的曲棍球技术相结合的一种具有激烈对抗性的运动项目。运动员在高速滑行过程中通过传球、带球和射门来完成比赛。在冰球运动的进攻过程中要突破防守队员的种种阻碍（包括合理的冲撞和阻挡），这就会对运动员的身体造成一定的伤害。冰球运动常见的运动损伤主要有软组织损伤、关节扭伤和肌肉韧带拉伤，发生的主要部位是肩关节、腕关节、膝关节和踝关节。

### （三）花样滑冰

花样滑冰是一项舞蹈艺术与滑冰运动相结合的冰上运动项目。在音乐的伴奏下，运动员在冰面上高速滑行并完成跳跃、旋转、托举等高难度动作。单人项目主要的损伤集中在躯干和下肢，以腰肌劳损、膝侧副韧带和半月板损伤、踝关节韧带损伤为主，双人项目会出现腰肌劳损、肩关节损伤、膝关节劳损，还会由于托举时失去重心导致身体躯干和头部摔伤。

### （四）速度滑冰

速度滑冰简称速滑，是以冰刀为工具在冰上进行的一种竞速运动。速度滑冰运动是通过下肢用力向后蹬冰刀产生向前的推力，推动身体向前滑行。蹬地过程中腰部、膝关节、踝关节的负荷非常大，所以这些部位在训练和比赛中容易发生损伤。另外在转弯的过程中，参赛队员之间的抢位常常会引起碰撞，冰刀有时会割伤身体。2010 年我国一位运动员在一场训练中不慎摔倒，左大腿被冰刀割伤，肌肉切断，伤口缝合难度很大。

### （五）短道速滑

短道速滑是在长度较短的跑道上进行的一项冰上竞速运动。短道速滑运动员之间经常互相干扰或身体接触发生碰撞、摔倒，伤害事故时有发生，轻者扭伤、挫伤，重者出现骨折或切割伤，甚至致残或致死。

**（六）钢架雪车**

钢架雪车又称俯式冰橇，是一项以雪橇为比赛工具的冬季运动项目。所有参赛的选手必须佩戴全罩式安全帽，以维护颈部以上的安全。该项运动的滑行速度非常快，且钢架雪车没有制动系统，危险性极高，常出现重大伤亡事故。钢架雪车运动的运动员俯卧在冰橇上头朝前脚在后这种特殊的姿势使得运动员肩膀比较容易受伤；鞋上的钢钉触碰冰面可以控制方向，并轻微调节速度，因控制节奏时左右晃动，故而踝关节也容易受伤。

## 二、雪上运动易发损伤

**（一）高山滑雪**

高山滑雪是将速度与技巧完美结合的一项运动。运动员在由高处向低处的滑降运动过程中通过左右盘旋、停止、跳跃等各种技巧自由地改变方向，并且控制速度。重心的转换和跳跃经常会造成腰背部的肌肉损伤、膝关节创伤性滑膜炎、半月板及关节软骨损伤、踝关节韧带损伤。

**（二）跳台滑雪**

跳台滑雪是勇敢者的运动，也是危险系数最高的运动之一。跳台滑雪运动中经常发生腰背部肌肉损伤、椎板骨折、膝踝关节的急慢性损伤。

**（三）越野滑雪**

越野滑雪是借助滑雪用具，运用登山、滑降、转弯、滑行等基本技术，滑行于山丘雪原的运动项目。比赛线路分为上坡、下坡和平地。越野滑雪运动员常发生腰背部肌肉损伤、髌骨软骨磨损等慢性劳损。

**（四）自由式滑雪**

自由式滑雪是一项比较危险的滑雪运动。自由式滑雪运动员常发生脑震荡、膝关节内侧副韧带损伤、腰背部肌肉筋膜炎、腰骶或骶髂关节炎、腰椎间盘突出症、膝关节交叉韧带及半月板损伤、胫骨疲劳性骨膜炎、踝关节骨关节病、踝关节侧副韧带损伤等。

**（五）单板滑雪**

单板滑雪又称滑板滑雪。人们受冲浪运动启发而发明单板滑雪，所以单板滑雪也被称为冬季的冲浪运动。该项目的运动员损伤部位大多集中在上肢，主要是因为双脚固定在一块滑雪板上，很多运动员摔倒时会选择用手支撑，所以腕部损伤最为常见。滑行过程中双脚只能指向同一方向，所以脚踝还经常会被扭伤。

**（六）雪橇**

雪橇是一种由单人或双人仰面躺在雪橇上，双脚在前，通过变换身体姿势来操纵雪橇高速回转滑降的运动。由于雪橇运动滑道复杂，转弯多，场地落差大，滑降速度不断增大，运动员常于滑行过程中因操控不当失去控制，发生出辙、翻车等事故，头部或胸腹部被撞击而受到重大伤害。

**（七）雪车（有舵雪橇）**

雪车是运动员乘坐雪车在冰上滑行，利用舵和方向盘进行操控的项目。该项目于 1924 年成为冬奥会正式比赛项目。雪车运动员比赛时常装备有护肘、护肩、专用钉鞋、头盔和比赛服，这是因为在比赛过程中时常发生翻车等事故引起冲撞造成肘关节、肩关节以及头部的损伤。

**（八）冬季两项**

冬季两项是越野滑雪和射击相结合的运动。它要求运动员身背专用小口径步枪，每滑行一段距离进行一次射击，最先到达终点者为胜。冬季两项和越野滑雪一样，常常导致腰背部肌肉损伤、髌骨软骨磨损等慢性劳损。

**（九）北欧两项**

北欧两项起源于北欧，由越野滑雪和跳台滑雪组成。北欧两项比赛项目既要求滑得快，又要求跳得远。这项运动要求运动员同时掌握两个项目的技术，既需要有跳台滑雪“准确的技术动作”，又需要有越野滑雪的“体能”。北欧两项常导致运动员腰背部肌肉损伤、椎板骨折、膝踝关节的急慢性损伤。

## 第二节　大众冰雪运动替代项目及其易发运动损伤

为了满足我国缺冰少雪地区大众体验冰雪运动的需求，人们创造性地发明了很多冰雪运动的替代项目。在从事这些替代项目的过程中，参与者也会不可避免地遭遇突发性的运动伤害事故。

### 一、轮滑运动的易发损伤

轮滑是滑冰的陆地替代项目。轮滑者在快速完成各种转弯、旋转、跳跃等高难度动作时，容易发生扭伤、擦伤、撞伤等运动伤害。运动损伤的主要部位集中在膝关节和踝关节。

### 二、滑轮运动的易发损伤

滑雪的替代项目滑轮，是用改良后的轮滑鞋代替滑板，利用滑雪杖提供向前的动力的一种体育运动。滑轮运动和滑雪很相似，主要靠上肢提供向前的动力，因此肩关节和腕关节容易发生肌肉的劳损和急性的拉伤。在左右转弯过程中，身体重心的转换会使一侧的膝关节和踝关节的负荷迅速增加。如果下肢力量薄弱，就会引起膝关节和踝关节的扭伤。

### 三、旱地冰壶的易发损伤

旱地冰壶是冰壶的陆地替代项目。在运动过程中，参与者单腿支撑，手腕发力，前推冰壶，有时需要用手腕发力使冰壶旋转，所以经常会发生腕部损伤、肩肘损伤、急性腰扭伤、腰背部筋膜炎或肌肉劳损、髌骨软骨病等慢性劳损性损伤。

## 四、陆地冰球的易发损伤

陆地冰球和冰球一样有很强的对抗性，在运动过程中有很多身体接触和碰撞。身体局部负担过重、意外摔跌、冲撞等会造成运动员头部损伤，膝关节扭伤，内外侧副韧带、交叉韧带、半月板或髌骨的损伤，腰部扭伤，腰肌劳损以及踝关节韧带扭伤等。

## 本章要点

1. 冰上的各个运动项目易发损伤的部位。
2. 雪上的各个运动项目易发损伤的部位。
3. 大众冰雪运动替代项目及易发运动损伤。

## 基本概念

冰雪运动　冰上运动项目　雪上运动项目　替代项目

## 复习思考题

1. 简述冰壶运动员常发生运动损伤的部位及原因。
2. 简述冰球运动员常发生运动损伤的部位及原因。
3. 简述滑雪运动员易发生运动损伤的部位及原因。
4. 大众冰雪运动替代项目有哪些？易发运动损伤的部位及原因是什么？

## 阅读书目


1. 臧克成，等. 冰雪运动损伤及防护［M］. 北京：化学工业出版社，2018.
2. 杨玉香，戴倪. 滑雪入门［M］. 长春：吉林科学技术出版社，2009.
3. 李相如，朱佳滨. 滑冰运动入门［M］. 北京：金盾出版社，2016.
4. 李瑶章. 轮滑运动［M］. 北京：人民体育出版社，1993.

# 第二章　冰雪运动损伤原因及预防

**重点问题**

- 冰雪运动损伤的原因
- 冰雪运动参与者的自身因素
- 运动损伤的外界因素
- 冰雪运动损伤预防措施
- 冰雪运动意外伤害险

进行冰雪运动过程中各种不可预测的因素较多。冰雪运动的速度快，掌握平衡的难度大，运动的技术门槛高。无论是初学者还是经常运动的“老手”，甚至是专业运动员，都有可能遭遇运动伤害事故。本章将重点介绍冰雪运动中造成运动损伤的原因以及预防损伤的方法。

## 第一节　发生运动损伤的原因

冰雪运动中的损伤有的是摔伤和撞伤等急性伤，有的是由长期劳损累积造成的慢性伤。如果发生了运动损伤，一定要加以重视，要科学地对待和及时处理以免造成更大的伤害。冰雪运动中引起运动损伤的原因比较多，归纳起来可分为两大类：一类是参与者自身因素；另一类是外界因素。

### 一、运动损伤的参与者自身因素

#### （一）身体条件不适宜

大多数冰雪运动项目要求参与者具有特定的身体素质。比如滑雪和滑冰需要参与者具有一定的上下肢力量、身体控制能力、身体协调能力和反应能力，较长时间的活动还需要参与者具有充足的体力和耐力。冰雪运动参与者的身体状态、是否存在一些功能性疾病等，都是引起运动损伤的因素。因此，参与者不具备参与冰雪运动项目所需的身体条件是造成冰雪运动伤害的主要原因之一。

### （二）运动项目的误选择

要根据自己的身体条件选择相应的运动项目。身体条件包括年龄、性别、力量、耐力、身体协调能力、灵活性以及身体健康状况等。每个体育项目都有不同的技术特点。体能类项目需要参与者具有较好的肌肉力量和耐力，比如速度滑冰、滑雪等；体美类项目需要参与者具有较好的爆发力和柔韧性，比如花样滑冰等；直接对抗性项目需要参与者具有较强的力量、身体对抗能力和抗冲击能力，比如冰球。因此，要根据自身的身体条件和运动项目的不同特点去选择适合自己的运动项目。当自身的身体条件不能满足运动项目的基本要求而强行参与运动时，就会出现局部负荷过大、重心不能合理控制、过度疲劳等问题，并导致关节和肌肉的损伤。

例如，冰球运动速度快、难度高、强度大，在活动过程中会有频繁的身体接触和激烈的身体对抗，这对参与者的全身肌肉力量、协调性、耐力提出了很高的要求。如果不具有扎实的基本功和良好的身体素质，就不能顺利地完成难度较大的技术动作，在发生碰撞时不能承受巨大的身体压力，导致运动损伤。滑雪运动中，参与者要长时间保持身体前倾和重心的左右快速调整，膝关节一直保持一定的弯曲角度。快速转弯时，随着重心的移动，还会出现一侧膝关节支撑全部身体重量的情况。因此，滑雪运动要求参与者要具有较强的肌肉力量和耐力，在较高速度的滑行时还要具有良好的平衡能力。

### （三）运动技能难掌握

运动技能的形成分为三个阶段：泛化阶段、分化阶段、自动化阶段。

泛化阶段是参与者对运动技能的初步认识阶段，参与者对运动项目的技术动作有了初步的了解，但动作不够规范，时常会发生错误。这时急于参加难度较大的运动项目，发生运动损伤的概率就会大大提高。

分化阶段是参与者已经掌握了基本技术动作的阶段。此时的参与者在运动时出现错误较少，条件反射和动力定型逐渐建立，能够应对基本的外界因素，但在面对突发事件时还不能灵活应变。冰雪运动参与者在这个阶段遭受运动损伤的概率大大降低。

自动化阶段是指参与者在经过反复的基本技术练习后，运动反射系统稳固建立，大脑皮质兴奋和抑制在时间和空间上更加集中、精准，动力定型已牢固建立的阶段。这个阶段的冰雪运动参与者遇到特定情况时大脑会自动做出反应，肌肉的动力定型会使身体根据曾经遇到过的或者相似的情况自动做出应对。但在这个阶段，因为掌握了较好的运动技术，心理层面的自信心逐渐增强，就会做出一些幅度大、难度大的动作，增加受伤的概率。因此，在参与冰雪运动时，运动技能未达到自动化阶段，或已经达到技术上的自动化阶段但遭遇特定情况和突发情况，也是造成运动损伤的主要原因之一。

### （四）运动强度欠管理

运动损伤发生的部位与身体特定部位运动负荷有关，与身体局部负担量及专项技术特点的关系更为密切。

高山滑雪的空中跳跃、空中翻转等技术性动作常常会使参与者的肩关节、腰背部、膝关节和踝关节受到冲击，造成不同程度的损伤。由于某些运动项目的特殊要求，运动员在安排训练时，没有充分考虑到自己的生理特点，进而长时间高频次地重复某种动作，身体特定部位的运动负荷超过了可以承受的生理负担量，慢性损伤就会不断积累，最终会在某一次突然受力时发生严重的运动伤害。这种损伤大多发生在专项训练中。

大众在冰雪运动的参与过程中也常常会因为喜爱某项运动而忘记了对运动量的控制，使自己的身体长时间处于一种过度疲劳的状态，此时去完成只有身体状态良好时才能完成的难度动作，就会引发各种运动损伤。

**（五）心理状态不正常**

对运动项目的恐惧心理或对自己的技术过分自信，也是造成冰雪运动损伤的主要原因。在冰雪运动中，对运动项目的恐惧会使人失去准确的判断能力以及遇到紧急情况时的应变能力。比如，在滑雪过程中，当遇到前面有障碍时，如果不是想着怎么去转向避开，而是因害怕撞上障碍物而闭上眼睛，或者只是大喊“快躲开，我不会拐弯”，那么，遭受运动伤害的概率就较大。

参与者在运动前经过短时间的技能培训，觉得有足够的能力参与喜欢的运动项目，或者运动时对自己的技术过于自信，急于想完成更高难度的挑战，当运动过程中遇到意料之外的情况时，就会造成不可控制的伤害。因此在参与冰雪运动时应该从易到难，循序渐进，杜绝急躁心理。

**（六）准备活动不充分**

充分的准备活动能为运动的参与者提供良好的身体机能，为其快速进入相应的运动状态做好准备。

准备活动也称为热身运动，充分的准备活动能使体温增高、血液循环会加快、肌肉的收缩和舒张会变得更加容易，因此肌肉的力量也会更大。相反，如果肌肉在运动时温度没有达到要求，肌肉的黏性较高，肌肉在快速收缩和舒张时就容易发生拉伤等运动伤害。冰雪运动大多是在低温环境下进行。如果运动时肌肉没有达到理想的温度，伸展性就会受限。当肌肉突然受到外力快速拉伸时，就容易受到损伤。

准备活动还能使身体各个器官为快速适应运动项目的强度要求做好准备。人在运动时，中枢神经系统要比静止时兴奋。运动量较大、对抗比较激烈的运动项目需要参与者的心肺功能处于一个更好的状态。相应的准备活动可以使大脑皮层处于高度兴奋的状态，专项的准备活动更能使肺通气量、血流量提高，使氧气运输能力加强，帮助机体更快地适应相应的运动。相反，如果身体各个器官没有做好充分的准备，比如神经系统不够兴奋，就会使参与者出现注意力不够集中、动作完成不准确的问题。因此，在参与冰雪项目前，充分的准备活动是非常重要的。加速跑、跳和身体关节的活动以及肌肉的拉伸都能使身体温度升高、神经系统兴奋。如果准备活动不充分，未能使身体的神经系统、血液循环系统和有关肌肉组织充分动员起来，就会影响身体的协调性、灵活性和伸展性，加上心肺不能及时适应运动状态，就会过度消耗能量，使身体很快疲劳，从而大大提高运动损伤的发生概率。大部分的运动损伤往往都是因为准备活动不充分，或者准备活动不合理造成的。

## 二、运动损伤的外界因素

### （一）教练员指导不准确

冰雪运动参与者从教练那里获得间接经验。教练员的水平直接影响冰雪运动参与者对运动项目技术的理解。正确的技术动作指导可以使参与者在运动时协调发力，灵活、自如地控制运动状态。而技术动作指导不准确就会使参与者动作变形，身体失控，导致运动伤害。

### （二）运动护具没佩戴

在参与各种体育运动时，运动损伤时有发生。有的损伤是由于外界因素造成的，比如摔伤、撞伤、冰刀割伤等。护具是参与体育运动时避免外界损伤的一道重要屏障，正确地佩戴护具可以避免或者减轻伤害。在体育运动中，要根据不同运动项目的特点，有针对性地佩戴和使用专业的防护用具。运动中容易受到损伤的是身体的主要关节，对这些主要关节使用护具进行防护，可以有效防止关节因过伸或过屈及过度扭转造成的损害。

在冰雪运动中，专业的运动护具可以在很大程度上降低运动伤害的风险。如滑雪运动中头盔可以保护头部，减小头部在被撞击时受到的冲击力。护目镜可以防止雪盲症的发生，还可以阻挡在快速运动过程中可能进入眼睛的物体。在低温下，长时间的运动会冻伤身体裸露在外的部分，护脸、手套可以使脸和手得到保暖。

### （三）能量补充不及时

长时间地参与某一项体育运动，尤其是参与强度较大的运动时，人体会消耗大量的热量。冰雪运动中，部分能量被用来抵御外界的寒冷。运动时大量出汗，水分和电解质随汗液排出，运动参与者应及时补充能量，补充物包括水、电解质和糖等。能量补充不及时会使肌肉痉挛、身体过度疲劳，甚至会造成身体器官的损伤。能量的补充非常简便，可以直接饮用运动饮料。运动饮料的摄入要遵循量少次多的原则。不宜喝碳酸饮料。因为在进行一些持续性的运动时，碳酸饮料里的碳酸气会影响呼吸的频率。

### （四）运动中的犯规动作

有的运动项目具有对抗性。有时运动员为了赢得比赛，不遵守比赛的规则，采用极端的动作方法，故意阻挡、拉拽、冲撞对手，给对手造成一定的运动伤害。这是冰雪体育运动中的直接对抗类项目发生损伤的重要原因。虽然每项运动都有特定的规则用来防范参与者恶意犯规，防止运动伤害的发生，但在有些冰雪运动项目中，运动员身体接触非常频繁、激烈，并且不可避免。如在单板滑雪追逐项目中，运动员在滑行腾跳过程中经常发生身体接触碰撞。冰球运动中，运动员之间的相互冲撞或由于举杆过高导致的其他运动员颜面部损伤等情况时有发生。

### （五）场地及设施的缺陷

有时冰雪运动的损伤与场地的防护措施不完善有关。标准的场地器械和完善的安全设施可以有效保护运动者，避免或者减轻运动损伤。冰雪运动对场地要求非常严格，运动场地设计不合理不规范、冰面雪面不平整、有小碎石或杂物、跑道太硬或太滑、坡度过大或雪道的松软程度不合格等，极容易引起运动员动作失误，导致运动损伤。运动员对场地情况的熟悉程度也与运动损伤有很大关系。

## 第二节　冰雪运动损伤预防措施

冰雪运动中的伤害事故是难以预测的，但如果预先了解相关知识，采取一定的预防举措，就可以减少伤害事故的次数或降低伤害程度。具体的预防措施有以下几点。

### 一、参与者自身要满足运动项目的各种要求

冰雪运动项目对参与者的身体素质要求较高，因此，参与者要根据自身的身体条件慎重选择。如冰球运动需要在快速滑行过程中，用球杆控制冰球完成传接球，躲避防守队员的堵截和冲撞，最终将球射进对方球门。它对运动员的全身肌肉力量、协调性、柔韧性要求都很高，参与者如果不具备过硬的身体素质和扎实的基本功，在完成难度较大的技术动作和发生身体碰撞时，就可能遭受运动损伤。速滑运动要求参与者具有较强的腿部力量、速度耐力、较高的平衡能力和灵活性。选择滑雪运动时，也要对这项运动有足够认识，根据自己的水平有节制地滑雪。滑雪最好结伴前往，并且在有经验的人的带领下滑行。滑雪是极其耗费体力的运动，滑雪前要做好身体素质的训练，上雪道前要有充分的准备活动，以避免力竭导致的受伤。

### 二、专业的指导非常有必要

冰雪运动是对运动技术要求很高的运动，滑雪和滑冰都需要在光滑的雪面和冰面上控制重心并快速移动。所以，来自教练员的专业化指导非常重要。

在初次参与冰雪运动前，一定要经过专业教练的技术指导。如果没有掌握应有的技术和要领，轻率而盲目地上场，则很有可能导致身体受伤。

### 三、选配适宜的运动护具

参与冰雪运动时应选配适宜的运动护具。要根据不同运动项目和容易受伤害的部位有针对性地选择护具。专业的护具主要用来保护肌肉、关节以及身体重要部位的安全。护具可以防止肌肉拉伤，防止关节在运动过程中因过度伸屈造成伤害。头盔可以减轻碰撞时对大脑的伤害；手套可以防止低温天气对手造成的冰冻伤害；护目镜可以防止因冰雪对眼睛的刺激而导致的雪盲症；防切割的连体衣服、手套、护踝、护膝以及能够保护颈部的护颈，可以防止严重的割伤。

## 四、遵守规范性的技术文本要求很重要

北京市滑雪协会制定了《北京市大众滑雪锻炼等级标准》，将滑雪运动的技能水平分为 9 级，拥有不同技能水平的滑雪者应选择与自己技能水平等级相符的雪道：1—3 级对应初级道，4—6 级对应中级道，7—9 级对应高级道。从 2017—2018 年雪季开始，北京市滑雪协会在北京 10 家雪场开展免费评级测试，测试合格者可以获得相关的资格认证。这些等级评估和规范要求对于规避运动风险很重要。除北京市的规范文本外，《国际雪联 10 条安全准则》中也规定了关于滑雪安全的准则，具体规范如下。

一是尊重原则：无论双板还是单板滑雪者，都不做出将会损伤或致使他人受伤的行为。

二是自控原则：无论双板还是单板滑雪者，都应当让自己的滑行处于可控范围之内。其滑行速度和方式应当和其个人滑雪水平相符，并且应根据地势、雪质、天气和雪场人口密度来选择以何种方式滑行。

三是选择安全线路原则：后方滑雪者务必要选择不危及前方滑雪者的线路滑行（前方滑雪者有雪道使用的优先权）。

四是超车原则：从后方或侧方超越其他滑雪者时，请保持足够距离。

五是进入雪道、启动、爬坡原则：当滑雪中途稍稍休息重新开始，或者向坡上攀爬时，务必保证不危及自己及其他人的安全。

六是停止地点原则：除非必须，滑雪者应避免停留在雪道中间、赛道、狭窄的雪道、视线易受阻的地方，若经过上述地点，请尽快通过。

七是两侧行走原则：如需在雪道上行走时，请务必在雪道两侧。

八是注意警示标识原则：请滑雪者务必对信号牌、指示牌和指示物保持足够的重视。

九是协助原则：一旦遇见事故，每个滑雪者都有义务去帮助受伤的人。

十是事故确定身份原则：事故后的滑雪者或者目击者，无论是否有相关责任，都应该彼此留下联系方式。

# 第三节　冰雪运动意外伤害险

冰雪运动是高风险的体育运动，它容易因各种内在和外在的因素对人体造成伤害，在参加冰雪运动的时候，除了要了解这些容易导致和引发冰雪运动损伤的内外在因素，采取有效的防范措施之外，每一个参与冰雪运动的人为了保障自己的切身利益，为了在运动伤害发生后能得到及时的救助和医治，还应了解与冰雪运动相关的救助和保险知识，对自己采取特别的保险救助和保障措施。

## 一、冰雪运动意外伤害险保障范围

### （一）冰雪运动意外伤害险定义

冰雪运动意外伤害险是意外伤害保险的一种，它是通过保险责任的附加将高风险运动的意外风险责任纳入保障范围，以被保险人因遭受意外伤害造成死亡、残废为给付保险金条件的人身保险。主要保险责任有意外伤害死亡伤残、意外伤害医疗及住院护理津贴。意外伤害是指在被保险人的保险期内，外来的、突发的、非本意的、非疾病的客观事件对被保险人的身体造成伤害的客观事实。意外伤害的构成包括意外和伤害两个必要条件。

意外伤害死亡伤残保险通常简称为意外伤害保险，此种保险只保障被保险人的意外伤害所致的死亡和伤残，满足被保险人对意外伤害的基本保险需求。意外伤害医疗保险的保险责任中通常规定，被保险人因遭受意外伤害，且在责任期限内，因该意外伤害在医院治疗且由本人支付的医疗费用，保险人按合同规定进行医疗保险金的支付。住院护理津贴指被保险人因意外伤害事故入院治疗，保险公司按照保险单载明的住院护理津贴日额给付，一般累计给付天数以 180 天为限。

### （二）冰雪运动意外伤害险的免责条款

高风险运动指的是比一般常规性运动风险等级更高、更容易发生人身伤害的运动。高风险运动主要包括潜水、滑水、滑雪、滑冰、驾驶或乘坐滑翔翼、滑翔伞、跳伞、攀岩、探险等活动。各保险公司在高风险运动意外伤害险的保险合同里都会设置责任免除条款。除了意外伤害保险和意外伤害医疗保险合同列明的各项责任免除外，一般因下列原因造成意外伤害事故的，保险公司是不承担给付保险金的责任的。

1. 被保险人参与任何职业性体育活动或表演，或任何设有奖金或报酬的运动或表演；

2. 被保险人违反相关的高风险运动设施管理方的安全管理规定。

对于大众冰雪运动参与者来说，特别要关注的是上述第二条，当被保险人违反相关的高风险运动设施管理方的安全管理规定的时候，保险公司对被保险人在冰雪场地受到的伤害是不予承担赔偿保险金的责任的。比如，被保险人不穿戴任何护具就上了滑雪场或滑冰场；初级赛道选手违反安全管理规定随意在高级赛道上滑雪；不遵守滑雪场和滑冰场的安全管理规定，在滑雪场赛道或滑冰场上随意停留和随意走动等。

## 二、冰雪运动意外伤害险的投保与理赔

### （一）冰雪运动意外伤害险的投保

常规的意外险普遍将冰雪运动列入“免责条款”，如果因滑雪等造成了意外伤害，通常不属于赔偿范围之内。因此，冰雪运动参与者需要有针对性地购买专门的保险，投保时需注意是否保障滑冰、滑雪等高风险运动。需投保的冰雪运动参与者可在保险公司的官方网站上查阅有关高风险运动意外伤害险的主要内容、购买方式和理赔流程，也可以拨打保险公司客服电话进行咨询。

投保时应注意保险期间、保额以及保险公司理赔营业网点覆盖面。市场在售冰雪运动意外险费率比较高，一般雪场随门票购买的单次滑雪保额 20 万元的保险方案价格需要 10 元以上。建议全年参与次数较多的冰雪运动爱好者购买一年期产品，不限制运动参与次数，价格较实惠。以平安产险冰雪意外险为例，保额 20 万元、全年不限制运动次数，50 元就可以购买。（注：具体保险产品以保险公司官方网站公布为准）

**（二）冰雪运动意外伤害险的理赔**

当损伤和意外事故发生后，一般有两个理赔途径。

第一，传统理赔。

通过拨打保险公司客服电话联系保险公司，按要求提供相关门诊病历、出院小结、费用明细清单、诊断书等相关材料。

第二，线上理赔。

以平安保险为例，通过微信搜索小程序“平安赔你行”，线上一键申请理赔，录入个人信息，全程无须提供纸质资料，在手机上就可完成资料提交、获取理赔补偿。

发生保险合同约定的意外伤害事故时，被保险人向保险公司申请给付保险金时，除了提交保险合同（意外伤害保险和意外伤害医疗保险合同）所规定的材料外，还须提供下列材料：（1）被保险人与高风险运动的组织方签订的运动合同或相关凭证（如门票）等。（2）高风险运动的组织方或公安部门出具的事故证明。这就要求冰雪运动参与者除了给自己购买高风险运动意外伤害险之外，还要保存好在滑雪场或滑冰场购买的门票（门票和车票一样，都是购买者与运营方的一种合同形式）作为保险理赔时的凭证。

## 本章要点

1. 冰雪运动参与者损伤的自身原因与身体条件、项目选择、技能掌握、强度控制、心理因素、准备活动有关。

2. 冰雪运动损伤的外界因素与教练员水平、运动护具、能量补充、犯规、场地设施有关。

3. 冰雪运动损伤的预防措施。

4. 冰雪运动意外伤害险的保险和理赔服务。

## 基本概念

身体因素　运动技能的掌握　运动强度　准备活动　能量补充　安全原则　附加高风险运动意外伤害险　免责条款

## 复习思考题

1. 冰雪运动损伤的参与者自身因素有哪些？请简要说明。

2. 冰雪运动损伤的外界因素有哪些？请简要说明。

3. 冰雪运动损伤的预防措施有哪些？
4. 冰雪运动意外伤害险的免责条款跟被保险人的哪些行为有关？

## 阅读书目

臧克成，等. 冰雪运动损伤及防护［M］. 北京：化学工业出版社，2018.

# 第三章　冰雪运动损伤的救护与应急处置

**重点问题**

- 运动损伤的自救
- 运动损伤的他救
- 急救处理方法
- 低温冻伤的应急处置
- 雪盲症的应急处置

在冰雪运动中，特别是在一些越野滑雪运动中，运动员遭受伤害的概率较高。及时自救或者尽快争取他救，能在很大程度上降低伤害的程度。本章将介绍冰雪运动损伤的自救、他救和应急处置的方法。

## 第一节　冰雪运动损伤的自救和他救

在遭受运动损伤后，及时进行自救并尽快获得别人的救助，是减轻运动损伤的重要举措。自救和他救方法有以下几种。

### 一、拨打急救电话

冰雪运动项目中的雪上项目大多在郊区的雪山上进行，因此记录和拨打雪场的急救电话是在运动过程中遇到运动伤害时获得帮助的最有效方法。在正规的大型滑雪场，一般每隔一百米，在护栏网上都能看到紧急救援电话。在雪山上的每个指示牌上，一般也会有救援电话。在运动之前一定要仔细观察，记录急救电话。大型滑雪场参与的人数较多，运动伤害事故发生率也较高，如果急救电话无法接通，应马上请随行同伴或者其他滑雪者给予帮助，下山叫救援。

冰上项目大多在市区的场馆内进行，因此在运动中遇到运动伤害时，拨打 120 或 999 急救电话就能获得及时救治。

## 二、急救处理

选择雪场时，要选择有医疗设施的场地。正规的滑雪场都按要求设有医务室，能够处理一定程度的运动伤害。如果伤情比较严重，医务室会用救护车将伤者送到相应的医院进行处理。

自己受伤时，在不清楚受伤情况时，不要急于移动。应根据自我感觉，缓慢移动受伤部位。如果发现疼痛剧烈不能移动时，应及时向旁边的雪友求救或者迅速拨打雪场的求救电话。

遇到他人受伤时，先不要碰伤者，应立刻询问情况。如果没有大的伤害，伤者应立刻停止滑雪，缓慢下山，并找雪场的医务室（正规雪场一般都有很正规的医务室）；如果伤势严重，则应马上拨打雪场救援电话，或者找附近雪友帮忙，通知雪场救援。雪场的专业救护人员会对伤者的伤情进行判断和救治，或者寻找更专业的救护措施予以救援。雪场的救援经验一般比滑雪者要丰富得多，且有成熟的救援流程，滑雪者自己不要盲目救援。

# 第二节　低温冻伤的应急处置

冰雪运动是在低温条件下进行的体育运动。因此，在参与冰雪运动时首先要做好保暖和防冻伤的保护措施。特殊情况下冰雪运动会造成参与者冻僵和冻伤的情况。因此，不仅要有防冻僵和冻伤的预案，还要懂得冻僵冻伤的应急处理方法。

## 一、冻僵与应急处理

冻僵又称意外身体低温，是寒冷环境引起体温过低所导致以神经系统和心血管损伤为主的严重的全身性疾病。冻僵患者会随着身体温度的不断降低，出现不同的症状。在持续低温情况下，体温持续下降会造成生命危险。

随着滑雪装备制造技术的不断提高，冰雪运动参与者冻僵的概率大大降低。尽管如此，还是应该做好冻僵的预防工作。首先要了解遇到冻僵的情况应该怎么处理。对冻僵的身体采取的处理方法是迅速恢复温度，防止进一步的伤害。恢复体温的方法有：转移到温暖的环境，覆盖温暖的棉被或衣物，或采用温水复温的方法。如果受伤者发生休克或者心跳停止的情况，应立刻采取心脏复苏术。

## 二、冻伤与应急处理

冻伤是在低温的情况下，身体组织由于冻结发生的病变。冻伤主要发生在手、脚、耳朵和面部这些直接和寒冷环境接触的部位。这些部位处于身体的末梢，皮下脂肪和组织较少，热量散发得快，容易发生冻伤。不同程度的冻伤会有不同的反应。肢体的严重冻伤会导致组织细胞死亡，甚至还会伤及骨骼，最后不得不做截肢处理。

发生冻伤时的应急处理方法：首先要将冻伤的人转移到温暖的环境里，并涂抹冻伤药膏，防止冻伤部位感染。如果重度冻伤，则要对坏死组织进行切除处理，避免坏死组织进一步蔓延。

### 三、低温伤害的预防

冻僵和冻伤都是由于在低温环境下停留时间过长造成的。只要注意防风保暖，就可以防止伤害的发生。首先，应穿戴防寒、防风、防湿的衣服、手套、头盔，这样可以有效地防止低温伤害。在运动时，及时补充热量，提高参与者的御寒能力。其次，在持续低温、大风的环境下减少在户外参与冰雪运动的时间。

## 第三节　雪盲症的应急处置

雪盲症是由于视网膜受到雪地强烈的紫外线反射刺激而引起的眼角膜和结膜上皮细胞损伤、坏死、脱落，造成的眼角膜浑浊、视物模糊或暂时性失明的一种急性眼病。

造成雪盲症的主要原因是双眼在没有防护或者防护不当的情况下，长时间受到雪地反射的紫外线的伤害。佩戴专业的护目镜不但可以预防雪盲症的发生，保护眼睛减少意外碰撞，还可以在高速下滑时防止空中悬浮的杂物进入眼睛。如果在滑雪过程中出现了雪盲症的症状，首先要远离紫外线照射源，用清水对眼部进行清理并进行冷敷。整个过程中禁止用手揉眼睛，以避免二次伤害。受伤严重的，应赶紧隔离照射源并迅速就医。对雪盲症要高度重视，受伤严重的会引起永久性失明。

### 本章要点

1. 在参与冰雪运动发生运动损伤时，自救方法有拨打急救电话和寻求同伴或者附近人员的帮助。
2. 在紧急事件发生时的自救和他救方法。
3. 低温伤害产生的原因以及应急处理方法。
4. 雪盲症产生的原因以及处理方法。

### 基本概念

急救电话　自救　他救　低温冻伤　冻僵　冻伤　雪盲症

## 复习思考题

1. 在参与冰雪运动时发生运动损伤如何自救？
2. 在发生冻僵时应该如何处理？
3. 在发生冻伤时应该如何处理？
4. 什么是雪盲症？如何预防？发生了雪盲症应该如何处理？

## 阅读书目

1. 臧克成，等. 冰雪运动损伤及防护［M］. 北京：化学工业出版社，2018.
2. 高颀. 运动损伤与急救［M］. 北京：北京体育大学出版社，2010.
3. 黄爱辰. 现代院外急救手册［M］. 北京：华夏出版社，1997.

# 附　录

## “冰雪运动通用知识课程”教学大纲

### 一、教学理念

#### （一）教学定位

“冰雪运动通用知识课程”是贯彻落实中共中央办公厅、国务院办公厅印发的《关于以2022年北京冬奥会为契机大力发展冰雪运动的意见》（以下简称《意见》）中所提出的，借北京主办冬奥会的契机，大力开展冰雪运动进机关、进校园、进部队、进厂矿、进农村、进社区、进家庭（简称“七进”）等活动所设置的冬季冰雪运动知识普及课程。

#### （二）教学目标

中共中央办公厅、国务院办公厅印发的《意见》明确指出，应借北京主办冬奥会的契机，大力普及群众性冰雪运动，广泛开展青少年冰雪运动，力争到2022年，我国冰雪运动总体发展更加均衡，普及程度明显提升，参与人数大幅增加，冰雪运动影响力更加广泛。为推动冬季冰雪运动普及，《意见》要求各地依托当地自然和人文资源，发展形式多样、群众喜闻乐见的冰雪健身项目，推广民族民俗冰雪项目。

本课程的目的是，在中共中央办公厅、国务院办公厅印发《意见》的大背景下，贯彻落实《意见》“七进”精神。教学目标是，依托《冰雪运动通用知识教材》（以下简称《教材》），推广冰雪运动通用知识，提高大众冰雪运动文化认知水平。

### 二、课程设置

#### （一）课程性质

该课程是一门以综合性的学习方法进行教学的知识普及性课程。课程教学手段包括网络视频教学、《冰雪运动通用知识教材》自学、推荐书目拓展学习等。

### （二）课程结构

1. 网络视频课程的结构

网络视频课程的结构分为课前导读、课程讲解两个部分。

课前导读是在每一单元的网络教学前，对该单元的教学内容进行总体性的介绍，旨在帮助学习者对所要学习的内容有一个总体的把握。

课程讲解是根据每一章、每一节的教学要点，对相应章节的内容进行细致和透彻的讲解。

2.《冰雪运动通用知识教材》自学

《冰雪运动通用知识教材》自学主要分为三个部分：一是通读《教材》的内容，了解和学习《教材》的内容；二是根据《教材》各章前的重点问题，有重点地阅读和自学；三是根据《教材》各章后的本章要点和复习思考题，进行复习和拓展性学习。

3. 推荐书目拓展学习

根据《教材》推荐的阅读书目，突破各章节的知识范围，进行拓展性的阅读和学习。

### （三）课程设置

每章根据内容的多寡，设置不同的知识点，详见课程安排。

## 三、课程安排

“冰雪运动通用知识课程”分为 5 个部分：冰雪运动基础知识、冬季奥林匹克运动会基础知识、2022 年冬奥会主办城市与比赛项目、冰雪运动的礼仪文化、冰雪运动安全知识。具体安排如下。

**第一部分课程：冰雪运动基础知识课程安排**

| 目标与要求 | 要点 | 适用范围 | 方式 | 课时 |
|---|---|---|---|---|
| 提升对冰雪运动的起源与发展的认知水平。了解冰雪运动起源的社会和历史背景、国际冰雪运动传播和发展的脉络；了解我国近代冰雪运动发展的轨迹；了解中国共产党领导下的冰雪运动发展历史；了解习总书记的冰雪情怀。了解和掌握我国民俗冰雪运动的知识和项目。 | 冰雪运动基础知识课程导读 | | 网络视频课程 | 导读加六个教学要点，课时总长 70 ～ 80 分钟。 |
| | 冰雪运动的起源，起源和雏形阶段的故事和趣事，冰雪运动起源的历史背景、文化基因和社会价值 | | | |
| | 冰雪运动传播和发展的脉络，冰雪运动与民族的传统文化、民俗文化 | | | |
| | 中国近代冰雪运动的发展概况与趣事 | | | |
| | 中国共产党领导的冰雪运动 | 中学生必修 | | |
| | 习总书记的冰雪情怀 | 中学生必修 | | |
| | 我国民俗冰雪运动项目 | 中学生必修 | | |

**第二部分课程：冬季奥林匹克运动会基础知识课程安排**

| 目标与要求 | 要点 | 适用范围 | 方式 | 课时 |
|---|---|---|---|---|
| 提升对冬奥会的起源与发展的认知水平。要求清晰了解并掌握冬奥会起源的社会和历史背景、冬奥会的发展脉络、历届冬奥会的文化符号，同时了解中国参加和申办冬奥会的历程。 | 冬季奥林匹克运动会基础知识课程导读 | | 网络视频课程 | 导读加六个教学要点，课时总长 90～95 分钟。 |
| | 冬季奥林匹克运动会的起源 | 中学生必修 | | |
| | 冬季奥林匹克运动会的发展历程与文化 | | | |
| | 冬季奥林匹克运动会的发展历程与文化——冬奥会的初创阶段（1924—1948） | 中学生必修 | | |
| | 冬季奥林匹克运动会的发展历程与文化——冬奥会的发展阶段（1948—1992） | 中学生必修 | | |
| | 冬季奥林匹克运动会的发展历程与文化——冬奥会的成熟阶段（1994—2018） | 中学生必修 | | |
| | 中国的冬奥情缘 | 中学生必修 | | |

**第三部分课程：2022 年冬奥会主办城市与比赛项目课程安排**

| 目标与要求 | 要点 | 适用范围 | 方式 | 课时 |
|---|---|---|---|---|
| 掌握 2022 年冬奥会的主办城市文化、2022 年冬奥会的文化符号以及场馆、项目设置 | 2022 年冬奥会主办城市与比赛项目课程导读 | | 网络视频课程 | 导读加六个教学要点，课时总长 70～80 分钟。 |
| | 2022 年冬奥会主办城市文化 | 中学生必修 | | |
| | 2022 年冬奥会文化与符号 | 中学生必修 | | |
| | 2022 年冬奥会场馆设施：冰上项目 | 中学生必修 | | |
| | 2022 年冬奥会场馆设施：雪上项目 | 中学生必修 | | |
| | 2022 年冬奥会项目设置：冰上项目 | 中学生必修 | | |
| | 2022 年冬奥会项目设置：雪上项目 | 中学生必修 | | |

**第四部分课程：冰雪运动的礼仪文化课程安排**

| 目标与要求 | 要点 | 适用范围 | 方式 | 课时 |
|---|---|---|---|---|
| 提高对体育的礼仪文化的认知水平。要求掌握体育的礼仪文化的内涵、冰雪运动的观赛礼仪等内容。 | 冰雪运动的礼仪文化课程导读 | | 网络视频课程 | 导读加四个教学要点，课时总长 50～60 分钟。 |
| | 体育运动中的礼仪文化的内涵及价值 | | | |
| | 冬奥会现场观众观看比赛时的观赛礼仪 | 中学生必修 | | |
| | 群众性冰雪运动中运动员参赛的礼仪要求 | 中学生必修 | | |
| | 群众性冰雪运动中观众观看比赛所要遵守的礼仪 | 中学生必修 | | |

**第五部分课程：冰雪运动安全知识课程安排**

| 目标与要求 | 要点 | 适用范围 | 方式 | 课时 |
|---|---|---|---|---|
| 了解冰雪运动项目以及替代项目容易发生的运动损伤，重点掌握运动损伤的原因、防范措施以及冰雪运动损伤的自救和他救方法。 | 冰雪运动安全知识课程导读 | | 网络视频课程 | 导读加五个教学要点，课时总长 70～80 分钟。 |
| | 冰雪运动易发运动损伤 | 中学生必修 | | |
| | 大众冰雪运动替代项目易发运动损伤 | 中学生必修 | | |
| | 冰雪运动损伤的原因（自身因素和外界因素） | 中学生必修 | | |
| | 冰雪运动项目运动损伤的预防措施（冰雪运动意外伤害险） | 中学生必修 | | |
| | 冰雪运动损伤的救护与应急处理（冰雪运动损伤的自救和他救、低温冻伤的应急处理、雪盲症的应急处理） | 中学生必修 | | |

## 四、中学生学习内容指引

中学生学习内容中标“★”的部分为高中阶段增加的学习内容，未标“★”的部分为初中阶段和高中阶段共同的学习内容。

**第一单元　冰雪运动基础知识**

| 所在章 | 内容 | 适用范围 |
|---|---|---|
| 第三章　中国共产党领导的冰雪运动 | 第一节　革命战争年代的“红色体育”和冰雪运动 | |
| | 第二节　新中国社会主义建设年代中国的冰雪运动 | |
| | 第三节　改革开放后的冰雪运动 | |
| | 第四节　新时代我国冰雪运动的概貌与愿景 | |
| 第四章　我国民俗冰雪运动项目 | 第一节　民俗冰上运动项目 | |
| | 第二节　民俗雪上运动项目 | |

**第二单元　冬季奥林匹克运动会基础知识**

| 所在章 | 内容 | 适用范围 |
|---|---|---|
| 第一章　冬奥会起源 | 第一节　冬季奥林匹克运动会的起源 | |
| | 第二节　冬季奥林匹克运动会的发展历程 | |
| 第二章　中国的冬奥情缘 | 第一节　中国冬奥会参赛历程 | |
| | 第二节　中国冬奥会申办历程 | |

**第三单元　2022 年冬奥会主办城市与比赛项目**

| 所在章 | 内容 | 适用范围 |
|---|---|---|
| 第一章　2022 年冬奥会的主办城市文化 | 第一节　北京城市文化 | |
| | 第二节　张家口城市文化 | |
| 第二章　2022 年冬奥会文化 | 第一节　2022 年冬奥会的文化与符号 | |
| | 第二节　2022 年冬奥会场馆介绍 | |
| 第三章　2022 年冬奥会的比赛项目 | 第一节　2022 年冬奥会比赛大项介绍 | |
| | 第二节　2022 年冬奥会比赛分项介绍 | |

**第四单元　冰雪运动的礼仪文化**

| 所在章 | 内容 | 适用范围 |
|---|---|---|
| 第一章 体育的礼仪文化与冬奥会的观赛礼仪 | 第二节　冬奥会的观赛礼仪 | |
| 第二章　群众性冰雪运动的礼仪文化 | 第一节　我国群众性冰雪运动 | ★ |
| | 第二节　群众性冰雪运动的参赛礼仪 | |
| | 第三节　群众性冰雪运动的观赛礼仪 | |

**第五单元　冰雪运动安全知识**

| 所在章 | 内容 | 适用范围 |
|---|---|---|
| 第一章　冰雪运动及其替代项目的易发运动损伤 | 第一节　冰雪运动损伤 | |
| | 第二节　大众冰雪运动替代项目及其易发运动损伤 | |
| 第二章　冰雪运动损伤原因及预防 | 第一节　发生运动损伤的原因 | |
| | 第二节　冰雪运动损伤预防措施 | |
| | 第三节　冰雪运动意外伤害险 | |
| 第三章　冰雪运动损伤的救护与应急处置 | 第一节　冰雪运动损伤的自救和他救 | |
| | 第二节　低温冻伤的应急处置 | ★ |
| | 第三节　雪盲症的应急处置 | ★ |

## 五、课程测试

### （一）测试依据

《冰雪运动通用知识教材》是冰雪运动通用知识测试题库建设的依据，也是测评工作以及备测的依据。

### （二）测试形式

测试题型：测试题型包括单选题、多选题、判断题。

测试题量：测试题 45 题，按照分数结构随机抽题、配题并形成最终测试题。

### （三）分数结构

满分 100 分。

单选题，共 20 题，每题 2 分，共 40 分。

多选题，共 5 题，每题 4 分，共 20 分。

判断题，共 20 题，每题 2 分，共 40 分。

# 后　记

习近平在出席索契冬奥会时对巴赫主席说："在中国，冰雪运动不进山海关。如果冰雪项目能在关内推广，预计可以在两三亿人中带动更多人参与，由此点燃中国冰雪运动的火炬。"习总书记的话道出了 2022 年冬奥会的核心愿景——借主办冬奥会契机，普及奥林匹克文化，推广冬季冰雪运动。

2019 年 3 月 31 日，中共中央办公厅、国务院办公厅印发《关于以 2022 年北京冬奥会为契机大力发展冰雪运动的意见》（简称《意见》，下同），提出大力开展冰雪运动进机关、进校园、进部队、进厂矿、进农村、进社区、进家庭等活动的工作要求。编写本书也正是为了贯彻《意见》的指导思想，帮助广大读者更好地了解冬奥会的历史和文化，为成功举办 2022 年冬奥会助力。

2020 年，突如其来的新型冠状病毒疫情，使 2022 年冬奥会的筹备工作和冰雪运动的普及工作受到较大的影响。后疫情时代能否尽快恢复冬奥会的公众参与成为评估北京冬奥会成功与否的一项重要指标。但同时，我国大众的健康意识和运动参与的价值认同感在疫情期间得到了很大的提升。因此，传播奥林匹克文化，培养大众冰雪运动参与的热情既是实现"三亿人参与冰雪运动"冬奥目标的重要手段，也是以运动参与促进全民健康国家战略的重要抓手。从这个角度看，该书的出版具有了特殊的现实意义。

受国家体育总局冬季运动管理中心和中国人民大学出版社的双重委托，在中国人民大学人文奥运中心主任冯惠玲教授的策划和指导下，中国人民大学人文奥运中心"2022 北京冬奥会冰雪运动普及和发展对策研究（17ZDA328）"课题组编写了这本《冰雪运动通用知识教材（含课程教学大纲）》。

本书能在这么短的时间里与广大读者见面，主要还在于本书的编写在编写思路、专业性以及相关材料的获取方面都得到了国家体育总局冬季运动管理中心和中国冰雪大会组委会的专家、领导的悉心指导和大力支持。

本书主编为李树旺教授。张磊完成了冰雪运动基础知识部分的编写工作；伊诺、辛然完成了冬季奥林匹克运动会基础知识部分的编写工作；李树旺、辛然完成了 2022 年冬奥会主办城市与比赛项目部分的编写工作；马江涛完成了冰雪运动的礼仪文化部分的编写工作；高富贵完成了冰雪运动安全知识部分的编写工作。此外，中国人民大学体育部教师李京律、于永晖、秦霞、竺大力、墨楠以及中国人民大学体育文化与管理专业硕士研究生彭玉媛、袁程两位同学参与了编写、收集资料和审校工作。中国人民大学出版社的王强同志对本书的章节体例、编排、文字梳理和出版做了大量的工作，在此一并致谢！

本书部分图片和参考资料来自国际奥林匹克委员会官方网站。因受编写水平限制，书中难免会出现错误和纰漏，欢迎广大读者批评指正。

**编者**

2020 年 6 月 2 日

**图书在版编目（CIP）数据**

冰雪运动通用知识教材：含课程教学大纲/国家体育总局冬季运动管理中心，中国冰雪大会组委会编. --北京：中国人民大学出版社，2021.5

ISBN 978-7-300-27739-4

Ⅰ.①冰… Ⅱ.①国…②中… Ⅲ.①冰上运动-教材②雪上运动-教材 Ⅳ.①G862②G863

中国版本图书馆 CIP 数据核字（2019）第 283973 号

**冰雪运动通用知识教材（含课程教学大纲）**

国家体育总局冬季运动管理中心
中国冰雪大会组委会 编

Bingxue Yundong Tongyong Zhishi Jiaocai（Han Kecheng Jiaoxue Dagang）

| | | | |
|---|---|---|---|
| **出版发行** | 中国人民大学出版社 | | |
| **社　　址** | 北京中关村大街 31 号 | **邮政编码** | 100080 |
| **电　　话** | 010－62511242（总编室） | | 010－62511770（质管部） |
| | 010－82501766（邮购部） | | 010－62514148（门市部） |
| | 010－62511173（发行公司） | | 010－62515275（盗版举报） |
| **网　　址** | http://www.crup.com.cn | | |
| **经　　销** | 新华书店 | | |
| **印　　刷** | 北京瑞禾彩色印刷有限公司 | | |
| **开　　本** | 787 mm×1092 mm　1/16 | **版　　次** | 2021 年 5 月第 1 版 |
| **印　　张** | 10.75 | **印　　次** | 2025 年 10 月第 2 次印刷 |
| **字　　数** | 232 000 | **定　　价** | 68.00 元 |